ESTIMULAÇÃO AQUÁTICA PARA BEBÊS

Instituto Phorte Educação
Phorte Editora

Diretor-Presidente
Fabio Mazzonetto

Diretora Financeira
Vânia M. V. Mazzonetto

Editor-Executivo
Fabio Mazzonetto

Diretora Administrativa
Elizabeth Toscanelli

Conselheiros

Educação Física
Francisco Navarro
José Irineu Gorla
Paulo Roberto de Oliveira
Reury Frank Bacurau
Roberto Simão
Sandra Matsudo

Educação
Marcos Neira
Neli Garcia

Fisioterapia
Paulo Valle

Nutrição
Vanessa Coutinho

ESTIMULAÇÃO AQUÁTICA PARA BEBÊS

Atividades aquáticas para o primeiro ano de vida

Juan Antonio Moreno Murcia

Luciane de Paula Borges de Siqueira

São Paulo, 2016

Estimulação aquática para bebês: atividades aquáticas para o primeiro ano de vida
Copyright © 2016 by Phorte Editora

Rua Rui Barbosa, 408
Bela Vista – São Paulo – SP
CEP 01326-010
Tel./fax: (11) 3141-1033
Site: www.phorte.com.br
E-mail: phorte@phorte.com.br

Nenhuma parte deste livro pode ser reproduzida ou transmitida de qualquer forma, sem autorização prévia por escrito da Phorte Editora Ltda.

CIP-BRASIL. CATALOGAÇÃO NA PUBLICAÇÃO
SINDICATO NACIONAL DOS EDITORES DE LIVROS, RJ

M949e

Murcia, Juan Antonio Moreno
　Estimulação aquática para bebês : atividades aquáticas para o primeiro ano de vida / Juan Antonio Moreno Murcia , Luciane de Paula Borges de Siqueira. -
1. ed. - São Paulo: Phorte, 2016.
　176 p. : il. ; 23 cm.

　Inclui bibliografia
　ISBN 978-85-7655-592-6

　1. Natação para bebês. 2. Natação para crianças. I. Siqueira, Luciane de Paula Borges de. II. Título.

15-26769　　CDD: 797.2
　　　　　　CDU: 797.2

ph2399.1

Este livro foi avaliado e aprovado pelo Conselho Editorial da Phorte Editora.

Impresso no Brasil
Printed in Brazil

Para Alexia,
pelos estímulos físicos que deixou de conhecer.

. . . APRESENTAÇÃO . . .

A atenção precoce tem uma importância vital para proporcionar às crianças autonomia e integração no mundo que a rodeia. Nesse sentido, a estimulação deve permitir ao bebê compreender tudo o que se pretende ensinar, ajudando-o a ser mais inteligente, a melhorar o desenvolvimento do sistema nervoso. Para ele, a assimilação da estimulação que se apresenta permitirá que seu cérebro adquira a maior plasticidade possível. Esta plasticidade será conquistada quando se deseja formar um maior número de neurônios possíveis na primeira infância, buscando condições favoráveis para que se tenha repercussões imediatas no potencial desenvolvimento da criança. O desenvolvimento dessa capacidade potencial do bebê dependerá exclusivamente dos estímulos que receba tanto do entorno como das pessoas que estão à sua volta.

A estimulação é um processo natural que o bebê vivencia diariamente em sua relação com seu ambiente, o que permite conhecer a si mesmo, conhecer a relação do seu corpo com o seu entorno e com as pessoas que compõem esse contexto. Essa estimulação se produz nos primeiros meses de vida, quase sempre, por meio da repetição da ação, que permite ao bebê ter um maior controle emocional que, por sua vez, dará lugar a um aumento da autoconfiança e, portanto, do desfrute da aprendizagem. No entanto, não se pode esquecer que o crescimento total da pessoa ocorre por meio da inter-relação do desenvolvimento das capacidades física, mental, emocional e social, lembrando que não se pode desenvolver nenhum âmbito de uma forma isolada. Assim, a aplicação de forma intencionada de certas estratégias para manipular o ambiente em um tempo adequado permitirá chegar ao desenvolvimento integral do futuro adulto.

Para tanto, é importante mediar um conhecimento eficaz por meio de uma adequada intervenção precoce, em que se desenvolvam em conjunto: a motricidade, a linguagem, a comunicação e as relações pessoal e social. Para a estimulação, utiliza-se o sistema sensorial do bebê, baseado nos distintos sentidos da aprendizagem, na qual a estimulação por meio das atividades aquáticas poderá se converter em um excelente programa de estimulação, que produzirá uma adaptação ao meio desde muito cedo, favorecendo a relação da criança com a água ao longo de toda a sua vida (Moreno, Pena e Del Castillo, 2004). Chega, inclusive, a ser um melhor meio para a estimulação que o terrestre, pois, em razão da falta de estabilidade, a criança estará em constante movimento.

A água contribui de forma significativa para o desenvolvimento e o conhecimento da criança, uma vez que ela assimila novos movimentos, fortalece sua musculatura e aprende a controlar a respiração, todos os aspectos que contribuem de forma decisiva para o seu desenvolvimento motor. Ao mesmo tempo, a água atua sobre a conduta da criança, torna-a mais

independente, com tendência a explorar ativamente o meio e favorecendo sua socialização. Dessa forma, há autores (Del Castillo, 1992; Fouace, 1979; Franco e Navarro, 1980; Sarmento e Montenegro, 1992) que afirmam que a prática aquática nessas etapas de formação reforça a personalidade e a independência, podendo, ainda, influenciar de maneira considerável no processo de aquisição da linguagem.

Nesse sentido, Cirigliano (1989) opina que as práticas aquáticas em geral, e, mais precisamente, a natação são amplamente aceitas e recomendadas por proporcionar à criança um melhor desenvolvimento no que diz respeito à motricidade grossa, à motricidade fina, ao desenvolvimento cognitivo, à comunicação e à socialização. Portanto, não se pode negar que a prática aquática é uma atividade completa e que proporciona à criança um bom desenvolvimento físico e psicológico.

É usual que as aulas para bebês se iniciem a partir dos dois meses de idade, pois a criança ainda não perdeu a noção do meio líquido no qual viveu durante nove meses, não demonstrando, portanto, as típicas reações de medo comuns às crianças mais velhas. Esse é, também, um passo importante na vida do bebê, pois até essa idade é provável que ele tenha tido pouco contato social, e a prática aquática pode levá-lo a um contato com outras pessoas, incluído o educador. Se o pai e/ou a mãe vão às aulas, o vínculo existente entre eles e o bebê vê-se reforçado, lembrando ainda que essa situação poderá proporcionar uma maior autoconfiança do bebê e, consequentemente, este se sentirá mais apto a enfrentar um ambiente hostil, mantendo a sensação de autonomia em relação aos seus pais.

Tudo isso é possível graças à sensação proporcionada pela perda da influência da força da gravidade no meio aquático, o que permite ao bebê realizar uma enorme variedade de novos movimentos que não podiam ser efetuados fora da água. Essa experiência ajuda a explorar a mobilidade e pode antecipar o momento do caminhar, levando a um melhor desenvolvimento neuromotor, ao mesmo tempo em que se experimenta um bom número de novas sensações importantes.

A ausência de apoios fixos no meio aquático, comum ao meio terrestre, gera uma busca contínua de elementos (pais, educadores, materiais fixos etc.), o que provoca uma melhora da tonicidade muscular e do sistema cardiorrespiratório.

Ao observar os movimentos descoordenados dos recém-nascidos, conclui-se que eles parecem mais adequados ao meio aquático que ao terrestre. Os psicólogos especializados afirmam que o recém-nascido sabe desenvolver-se na água instintivamente por causa da *recordação* do seu estado fetal, quando se encontrava submergido em líquido amniótico. De igual forma, as sensações (oculares, labirínticas) que o bebê experimenta na água, tanto em posição ventral como em dorsal, são familiares a ele em razão do tempo que passa no berço e nos braços de adultos, em posições similares.

Segundo Cirigliano (1989), a atividade aquática precoce parece produzir este efeito integrador entre a base reflexa arcaica, os condicionamentos especialmente facilitados a partir do final do primeiro trimestre de vida e as atividades mais livres e conscientes, que têm como consequência o aumento de maturação neurológica.

A respeito da importância do estímulo aquático para as crianças, Moreno, Pena e Del Castillo (2004) manifestam que a sua importância reside no desenvolvimento de uma prática educativa que ultrapassa a mera atividade corporal individual e se estende à relação entre pais e filhos. O fim último de saber nadar garante, simultaneamente, uma estimulação de âmbito motor trazendo muitos benefícios para a maturação da criança. [1] (Moreno, Pena e Del Castillo, 2004, p. 13)

Segundo os autores, a importância educativa e de desenvolvimento corporal dessa atividade (a estimulação que provoca movimentos de intensidades e amplitudes diferentes) a colocam numa posição de destaque na lista das ações educativas preferenciais. Todavia, é possível encontrar outras justificativas como as pertencentes ao âmbito psicológico e psicoterapêutico, com relação aos medos (o medo da água não é um sentimento isolado, sucede por razões conhecidas e, normalmente, é desencadeado por experiências negativas ou por indução de ideias equivocadas), ao autoconhecimento e ao autocontrole que exige de qualquer indivíduo. Assim,

não se pode negar que se deve aproveitar as possibilidades de movimento que proporcionam o meio aquático como uma ferramenta que favorece e facilita a interação em todos os âmbitos: tônico, verbal, gestual e afetivo. Com base nesse aspecto, sabe-se que o bebê necessita de estímulos para se desenvolver não só no nível motor como também no nível cognitivo.

Piaget (1975), na etapa sensório-motor, que compreende o período após o nascimento até os dois anos de idade, afirma que a criança, ao se relacionar com o meio pelo movimento, organiza e estrutura seu conhecimento da realidade que a rodeia. Por isso, acredita-se que o bebê que experimentou a prática aquática como algo satisfatório associará, no futuro, o meio aquático a algo positivo, apresentando, sem dúvida alguma, diferenças na conduta em relação àqueles que não a praticaram (vivenciaram) anteriormente.

Por tudo isso, os objetivos que se perseguem por meio da estimulação aquática precoce são os de conseguir o máximo desenvolvimento das crianças – adaptando as atividades para que possam avançar em seu crescimento e evitando qualquer risco possível em sua evolução normal –, integrar os membros da comunidade para que recriem um ambiente

---

[1] "su importancia reside en el desarrollo de una práctica educativa que sobrepasa la mera actividad corporal individual y se extiende a la relación entre padres e hijos. El fin último de saber nadar garantiza, simultáneamente, una estimulación del ámbito motor muy beneficiosa para la maduración del niño."

de estimulação mais aberto possível, desenvolver o potencial criativo da criança, dar oportunidade ao bebê de adquirir confiança na utilização das principais habilidades de desenvolvimento, melhorar a relação intrapessoal, entre outros. No entanto, para poder conseguir esses objetivos é fundamental seguir determinadas premissas que se apresentam para a estimulação no meio aquático neste texto.

Para conseguir esses objetivos, o texto se estrutura nos seguintes capítulos:

Capítulo 1 – Os estímulos no meio aquático. Apresenta-se neste capítulo a fundamentação da estimulação e os demais benefícios da utilização do meio aquático para a estimulação nas crianças de zero a doze meses.

Capítulo 2 – Desenvolvimento motor aquático no primeiro ano de vida. Resume-se o desenvolvimento motor aquático no primeiro ano de vida, prestando especial atenção aos reflexos e sua possível utilidade ou relação com a estimulação.

Capítulo 3 – Proposta metodológica de estimulação aquática. Este bloco está destinado a apresentar as principais características que devem ser seguidas e conhecidas para a execução de um programa prático bem estruturado.

Capítulo 4 – Proposta prática de estimulação aquática. Apresentação de uma série de atividades práticas organizadas em quatro etapas: de zero a três meses; de três a seis meses; de seis a nove meses; de nove a doze meses.

Não teria sido possível a realização deste estudo sem a ajuda e a colaboração desinteressada de todos os pais e seus respectivos bebês, com os quais se experimentaram as distintas atividades. Agradecemos aqui a altruísta colaboração de todos. Agradecemos também a Luis Conte e Juan Marín, pela sessão fotográfica que facilitou, em todos os sentidos, a exemplificação e a compreensão das atividades.

Ao longo de todo o texto, optou-se por recorrer a nomes genéricos como *criança, educador, pais* etc., que não tendem a nenhum gênero, simbolizando homens e mulheres.

. . . SUMÁRIO . . .

1 Os estímulos no meio aquático 15

1.1 Fases da estimulação aquática 15
1.2 Fases da aquisição do conhecimento.................................. 16
1.3 Fundamentos da estimulação aquática................................ 18
    1.3.1 Estimulação da visão no meio aquático 18
    1.3.2 A audição.. 19
    1.3.3 O tato 20
    1.3.4 O olfato 20
    1.3.5 O sabor 21
    1.3.6 O movimento 21

2 Desenvolvimento motor aquático no primeiro ano de vida 23

2.1 A motricidade reflexa 25
    2.1.1 Reflexos posturais e de deslocamento.................. 26
    2.1.2 Reflexos de aproximação ou de orientação
            para o estímulo 28
    2.1.3 Reflexos defensivos... 29
    2.1.4 Reflexos segmentários 30
2.2 Desenvolvimento do bebê no primeiro ano de vida 32
    2.2.1 De zero a três meses.. 34
    2.2.2 De quatro a seis meses 38
    2.2.3 De sete a nove meses 40
    2.2.4 De dez a doze meses... 43

3 Proposta metodológica de estimulação aquática 47

3.1 Considerações gerais para a estimulação aquática.......... 48
    3.1.1 Interação no ambiente aquático 48
    3.1.2 A relação pais-bebê-educador............................... 49
    3.1.3 O meio aquático produz estimulação 50
    3.1.4 Importância do processo de atenção do bebê
            na estimulação aquática 50
    3.1.5 A interação com o meio aquático pela
            observação.. 51
    3.1.6 A repetição como mecanismo de aprendizagem.51
    3.1.7 A posição do bebê no meio aquático 53
    3.1.8 Lateralidade na estimulação 53
    3.1.9 O estado de ânimo do bebê no meio aquático ... 54
    3.1.10 A estimulação aquática como motivação
            ou relaxamento 54
    3.1.11 Condições físicas dos espaços............................... 55
    3.1.12 Idade ideal para começar as atividades............... 56
    3.1.13 Duração das sessões e do programa 57
    3.1.14 Frequência dos estímulos 58
3.2 Objetivos específicos do programa 59
3.3 Material.. 61

3.4 Controle do desenvolvimento motor aquático 62

    3.4.1   Fases da estimulação 63

    3.4.2   Fase de familiarização na banheira 65

    3.4.3   Fase de familiarização na piscina 66

    3.4.4   Tonificação muscular 67

    3.4.5   Equilíbrios 69

    3.4.6   Imersões 70

4 Proposta prática de estimulação aquática 89

4.1 Atividades de estimulação (de zero a três meses) 89

    4.1.1   Familiarização na banheira (de zero a três meses) 89

    4.1.2   Estimulação dos reflexos (três meses de idade) .. 98

    4.1.3   Formas de segurar o bebê 102

    4.1.4   Como utilizar o material auxiliar 104

    4.1.5   Atividades para estimular o bebê antes
de entrar na água 106

    4.1.6   Formas de entrar na água 107

4.2 Atividades de estimulação (de três a seis meses) 108

    4.2.1   Estimulação dos reflexos (de três a seis meses) .. 121

4.3 Atividades de estimulação (de seis a noves meses) 124

    4.3.1   Estimulação dos reflexos (de seis a nove meses) .. 137

4.4 Atividades de estimulação (de nove a doze meses) 138

    4.4.1   Estimulação dos reflexos (de nove
a doze meses) 154

5 Considerações finais 157

Referências 159

Anexos 163

1 OS ESTÍMULOS NO MEIO AQUÁTICO

Todo programa de intervenção requer um conhecimento teórico-prático dos conceitos que fundamentam a sua aplicação. Por isso, ao longo deste capítulo, serão abordadas sucintamente as características nas quais se suportam esta proposta prática de estimulação.

1.1 FASES DA ESTIMULAÇÃO AQUÁTICA

Desde a perspectiva da motricidade, Vygotsky (2006) entende que a origem do conhecimento depende das interações entre a criança e os objetos, o que equivale a dizer que será preciso atuar sobre as coisas para conhecê-las. A coordenação progressiva de ações e de operações que o bebê interioriza, com a informação que lhe proporciona a experiência física com os objetos, terá como resultado a construção de esquemas ou estruturas de conhecimento que tenderão a complicar-se e a distinguir-se qualitativamente. Esses esquemas desenvolvem-se sobre a base de certos aspectos funcionais de índole cognitivos: a assimilação e a acomodação (Figura 1.1). Desde a assimilação, serão incorporados os dados do entorno que se transformam de acordo com esquemas preexistentes, e desde a acomodação se propõe a utilização de esquemas gerais a situações particulares, isto é, a aplicação de um esquema invariável a diversas situações de mudança (Rodrigo, 1990). Por exemplo, quando se joga na água os animaizinhos (brinquedos) de uma criança e se indica que eles são pequenos, que emitem sons, que são coloridos etc., o bebê só irá percebê-los quando tocá-los ou mordê-los. Só assim é que realmente assimilará o que seu acompanhante lhe está dizendo e, pouco a pouco, ele interiorizará a textura, o som, e, por último, as cores.

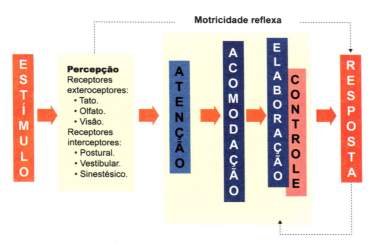

FIGURA 1.1 – Etapas da aquisição do conhecimento.

1.2 FASES DA AQUISIÇÃO DO CONHECIMENTO

Os esquemas, a assimilação e a acomodação são os três conceitos básicos que descrevem o comportamento cognitivo que, no decorrer do desenvolvimento, adotaram diferentes modos de atualização, o que também é conhecido por *nível de desenvolvimento operatório*. Os estágios apresentados por Piaget (1975) surgem como uma referência de organização mental, uma estrutura intelectual que se traduz em determinadas possibilidades de raciocínio. Estes patamares de desenvolvimento estão organizados do seguinte modo: sensório-motor (0 a 2 anos), pré-operatório (2 a 6/7 anos), operatório concreto (7 a 10/11 anos) e operatório formal (11 a 14/15 anos); sem esquecer que a aprendizagem por meio da estimulação ocorre especialmente com base na experiência vivida (Vygotsky, 2006).

A interação do recém-nascido com o estímulo estrutura-se em etapas. Ainda que isso não signifique que ele permaneça em cada uma delas por longos períodos, visto que, algumas vezes, as transições são muito rápidas, impedindo de usufruir da sensação/percepção e desfrute. Incluindo alguns bebês que chegam a saltar algumas das seguintes fases, confirmando, assim, que o ritmo de desenvolvimento de cada criança é distinto, sobretudo nos dois meses após o nascimento (Brazelton, 1984). As etapas são as seguintes:

- *Etapa de iniciação*. O bebê, em ambiente aquático, diante de um estímulo sonoro se orienta em direção ao mesmo, girando os olhos, o rosto, a cabeça e, algumas vezes, o corpo.

- *Etapa da atenção*. Nesta fase, os olhos do bebê se fixam, seu abdômen relaxa e os dedos das mãos e dos pés se esticam mediante o estímulo. Esta fase terminará quando se observar um comportamento de movimento dos braços e de pernas em aproximação ou em afastamento em relação à direção do estímulo.

- *Aceleração*. Os movimentos do corpo se aceleram, não prestando atenção ao estímulo.

- *Máximo de excitação*. Produz-se uma distração do foco do estímulo inicial, por sua excitação sensorial.

- *Retirada*. Produz-se um comportamento de estiramento, incluindo o choro, o fechamento dos olhos ou o giro da cabeça para o outro lado.

- *Recuperação*. Necessitam-se de 10 a 20 segundos para a recuperação do estado de excitação anterior.

A resposta que se obtém do bebê dependerá do agrado recebido em relação ao estímulo aquático. Deve-se ter cuidado com os movimentos bruscos, pois estes podem assustá-lo. Assim, para conseguir que o estímulo gere a resposta apropriada, o acompanhante tem de buscar uma máxima sensibilidade no momento de apresentá-lo, entendendo que cada bebê é diferente. Para que se volte a reproduzir a mesma resposta na ação seguinte, deve-se incentivar a intenção do bebê por meio do reforço. Entre os distintos reforços que se podem dar, encontram-se o olhar, a palavra, o contato físico, a carícia etc.

1.3 FUNDAMENTOS DA ESTIMULAÇÃO AQUÁTICA

A estimulação do bebê em seu primeiro ano de vida utiliza como ferramenta os sentidos para entender a vida. Um dos sistemas que mais terá influência nesta etapa é o sistema vestibular, que se refere às funções dos canais semicirculares (labirinto) do ouvido interno e dos otólitos (utrículo e sáculo), que detectam a gravidade, o movimento, as mudanças e as acelerações da cabeça. Aparece na ontogênese, intimamente ligada aos núcleos oculomotor, depois à somestesia (sensibilidade cutânea) e antes à audição, que no seu conjunto sustentam a aquisição da linguagem propriamente falada. Mesmo com os olhos fechados, esse sistema continua recebendo informações sobre a posição da cabeça e sua relação gravitacional com as outras partes do corpo, assumindo um papel de primordial importância.

1.3.1 A visão

O estímulo da visão no bebê permitirá que ele reconheça os distintos elementos e pessoas que estão ao seu redor, assim como aumentará sua capacidade de fixar a atenção e a habilidade de seguir com o olhar um objeto em movimento. Para estimular a visão no meio aquático, deve-se considerar os seguintes aspectos:

- *Fixação*. Ao nascer, o bebê pode fixar o olhar sobre um objeto, agradável aos seus olhos, dilatando as pupilas. Este período de fixação oscila entre quatro e dez segundos, quando se desvanece o interesse e ele fecha os olhos ou desvia o olhar para outro lado. Fazendo isso de forma repetida, pode-se melhorar a atenção dele sobre os objetos, embora seja importante fazer que o bebê se fixe em algum ponto, pois este contínuo fluir de informação estimula o crescimento de diferentes áreas do cérebro.

- *Rastreamento*. É o processo que se produz quando o bebê segue com os olhos um objeto. Esta situação permitirá ao bebê reconhecer o objeto no espaço e diferenciá-lo.

- *Exploração*. Este mecanismo se observa no bebê quando ele move a cabeça ou apenas os olhos, seguindo o objeto no qual, uma vez despertado seu interesse, ele fixará seu olhar. Trinta segundos é o limite ideal de tempo para que o bebê fixe seu olhar no objeto. Com os recém-nascidos o ideal é utilizar objetos de cores branca e preta; com o crescimento do bebê, este diferenciará desenhos e cores dos materiais.

1.3.2 A audição

Por meio do som, o bebê será capaz de diferenciar o volume, o tom e o timbre, permitindo-lhe diferenciar os primeiros sons da linguagem entre as pessoas que lhe são próximas e selecionar os sons que considera mais interessante. A captação da localização do som é um dos principais focos de estímulo para o bebê em seus primeiros meses de vida. Conforme adquire o controle dos movimentos da cabeça, sua busca será mais eficiente para localizar a direção da origem do som. Para que a resposta aos estímulos se concretize é necessário que este se repita, por exemplo, recorrendo a determinadas frases doces que desencadeiam uma determinada ação, chamar por seu nome, falar cara a cara com olhar direto. Vale lembrar que, para falar com ele, é aconselhável utilizar um vocabulário simplificado, uma voz melodiosa com tom alto, frases curtas e simples, com algumas semelhanças com a linguagem do bebê. Também é aconselhável utilizar músicas apropriadas (como canções de ninar), cantadas especialmente pelos pais.

A audição permite o reconhecimento dos pais e das pessoas que estão ao redor da criança, assim como permite também o desenvolvimento do sentido da tonicidade do ouvido, o reconhecimento de seu nome, o aumento da compreensão da linguagem, além de favorecer a agudeza musical e a memória auditiva.

1.3.3 O tato

O sistema tátil compreende todos os nervos que se encontram debaixo da pele, e que estabelecem a fronteira entre o mundo interior da criança (seu corpo ou seu "eu", como espaço subjetivo) e seu mundo exterior (seu entorno ou "não eu", como espaço objetivo), ao mesmo tempo em que envia múltiplas informações ou conexões ao cérebro. Nos primeiros meses de vida, o tato permitirá ao bebê descobrir o seu corpo, o dos outros e os materiais, sendo o seu rosto e as palmas, de suas mãos e de seus pés, as partes com maior sensibilidade. Estas constituem uma fonte sensorial e corporal importante para perceber o mundo (tanto afetivo como físico) e são fundamentais para desencadear reações de defesa, de sobrevivência, de conforto e de segurança. O trabalho, mediante o tato no meio aquático, conseguirá que as terminações nervosas e o processo de mielinização se desenvolvam, ajudando o bebê a ter uma maior consciência de seu próprio corpo e melhor tono muscular. É certo que a relação entre o tono do corpo e as emoções parece óbvia nas fases mais precoces do desenvolvimento, e devem constituir-se como estratégias privilegiadas de estimulação nos bebês.

1.3.4 O olfato

Com a estimulação olfativa, consegue-se uma melhora na direção do movimento, ajudando o bebê a associar odores às pessoas, facilitando-lhe a capacidade de reconhecer a mãe ou o pai.

1.3.5 O sabor

A sucção desempenha um importante papel no paladar. Quando o bebê coloca os dedos na boca, é gerada a saliva, que contém um agente de crescimento nervoso capaz de ajudar a reparar tecidos danificados. Os receptores amargos estão localizados na parte posterior da língua e os receptores ácidos um pouco atrás deste, ao passo que os receptores doces estão localizados na ponta da língua. Nesse sentido, estimular a formação de saliva na boca dará oportunidade ao bebê de diferenciar sabores. No entanto, apenas deve-se induzi-lo quando efetivamente existir um tratamento adequado da água.

1.3.6 O movimento

Movimento ou sistema proprioceptivo é um estímulo vestibular que se relaciona com a mudança de posições aos estados de equilíbrio. Os movimentos no bebê podem se realizar em flexão-extensão, inclinação lateral e combinação das duas anteriores por meio dos giros. Esses movimentos nos primeiros meses de vida devem ser suaves, em razão de seu crescimento cerebral contínuo em uma cavidade craniana muito grande.

Com a estimulação por meio do movimento, será possível regular as funções respiratórias, o desenvolvimento motor e o processo de mielinização, além de melhorar o tono muscular e, consequentemente, a força e o equilíbrio, permitindo de forma progressiva a evolução da atividade reflexa à motricidade voluntária.

2) DESENVOLVIMENTO MOTOR AQUÁTICO NO PRIMEIRO ANO DE VIDA

O movimento da criança na água está em um contínuo processo de desenvolvimento, assim como o desenvolvimento humano. Ainda que se observe um aprimoramento constante, este ocorre de forma sequencial, embora se possa identificar uma série de fases, caracterizadas por um conjunto de necessidades e de interesses que garantem a consciência e a unidade corporal. Sucede sempre pela mesma ordem, cada fase se converte em uma preparação indispensável para a seguinte (Wallon, 2000).

A princípio é determinante o componente biológico, ainda que, progressivamente, ele vá cedendo espaço à importância social. A cultura e a língua se convertem nos instrumentos essenciais para fortalecer o pensamento. A simples maturação do sistema nervoso não garante por si só o desenvolvimento das habilidades intelectuais mais complexas. Para que se desenvolva, é necessário interferir com o *alimento cultural*, isto é, a linguagem e o conhecimento (Wallon, 2000).

Para o desenvolvimento motor e cognitivo são necessários estímulos externos, que podem ser alcançados por meio de atividades que os incentive, como o jogo com caráter educativo enquadrado no meio aquático.

A estimulação no meio aquático proporciona uma influência positiva nas fases de amadurecimento biológico do ser humano (McGraw, 1939; Mayerhofer, 1952; Wielki e Houben, 1983; Numminen e Sääkslahti, 1994). Como é sabido, o substrato biológico tem uma função primordial nas fases iniciais do desenvolvimento humano, um importante papel que, por meio da estimulação dos reflexos no meio aquático, pode permitir ao bebê uma boa forma de adaptar sua motricidade na água. Por este motivo, as atividades aqui propostas pretendem estimular o bebê no meio aquático, pois é provável que a experiência aquática precoce tenha efeitos significativos sobre a área específica da motricidade aquática (Ahrendt, 1999).

Do ponto de vista das características do desenvolvimento biológico, motor, cognitivo e socioafetivo, destaca-se a necessidade de abordar um trabalho de conhecimento do próprio corpo, de afirmação e de desenvolvimento da lateralidade, do equilíbrio, assim como da percepção espaçotemporal, percepções rítmicas, olfativas, gustativas, auditivas e táteis. Com essa série de elementos, o desenvolvimento dos padrões e das habilidades motrizes dará lugar a pessoas capazes de realizar ações corporais globais e segmentadas mantendo a coordenação.

Segundo Gallahue (1982), há, basicamente, três fases do desenvolvimento motor:

- *Fase dos movimentos reflexos*: primeiros meses.

- *Fase dos movimentos rudimentares*: motricidade voluntaria básica (rodar, sentar, engatinhar etc.), até os dois anos.

- *Fase das habilidades motrizes básicas*: movimentos elementares (equilíbrios, deslocamentos, manipulações, giros etc.), até os 6-7 anos.

Em razão da importância dos reflexos nos primeiros meses de vida, desenvolve-se este conteúdo e, posteriormente, uma proposta prática.

2.1 A MOTRICIDADE REFLEXA

Os movimentos reflexos são os primeiros movimentos característicos que aparecem em todos os seres humanos desde o nascimento. Os comportamentos reflexos constituem a forma mais simples do movimento, que consiste em respostas motrizes simples e rápidas de caráter involuntário (não depende do controle central, mas, sim, dos centros cerebrais inferiores) e de execução inconsciente. Aparecem inscritos no patrimônio filogenético da espécie, razão pela qual não dependem exclusivamente da aprendizagem. A motricidade reflexa é um indicador da saúde do recém-nascido, da integridade de seu sistema nervoso central e de seu estado de maturidade.

Os reflexos do recém-nascido têm um papel importante na construção da motricidade nas primeiras etapas do desenvolvimento, pois constituem as primeiras estruturas motrizes bem estabelecidas, pelas quais é possível começar a diversificar a resposta e a gerar novos esquemas.

A conduta reflexa é fixa, não se adapta e não permite um controle voluntário para alcançar um objetivo. Consequentemente, não permite resolver problemas diferentes ou progredir nas respostas perante um mesmo problema. Este complexo mecanismo reflexo vai perdendo e dando espaço a uma motricidade construída voluntariamente para a obtenção de um fim. A partir dos três meses, começa-se a estabelecer as primeiras relações entre as ações e as sensações da criança, por meio do que Piaget (1975) denomina *reações circulares primárias*. São movimentos aparentemente muito simples, mas que exigem a ação dos circuitos nervosos que no recém-nascido, todavia, estão desorganizados. Portanto, os primeiros passos são fundamentais, pois significam nada menos que o início da conquista da autonomia por parte da criança. Incluem condutas manipulativas e de controle corporal, que culminam com a aquisição da fase bípede, mais ou menos equilibrada, posição inicial para o desenvolvimento das habilidades motrizes básicas.

Na água, o objetivo é conseguir uma posição equilibrada para poder iniciar os primeiros deslocamentos básicos.

Em oposição ao ato voluntário, há o movimento automático; eles não devem ser confundidos. O reflexo está ligado às estruturas neurológicas e ao seu amadurecimento, ao passo que o automatismo é o resultado da transformação de movimentos voluntários ou aprendidos em movimentos inconscientes.

A atividade reflexa se caracteriza como um fenômeno rápido, na qual existe uma identidade da reação (uma mesma ação produz sempre uma mesma resposta) e é de caráter involuntário e irreflexivo da reação. Na sua maioria, esse conjunto de respostas do recém-nascido, que dispara por estimulação específica, é o índice mais claro do comportamento involuntário do período sensório-motor, e constitui o sedimento primário, biológico-funcional das futuras condutas motrizes globais. Por essa razão, o automatismo é normalmente classificado conforme as mesmas categorias em que farão posteriormente essas condutas (Moreno, 1999): extensores ou posturais e de deslocamento, de aproximação ou de orientação para o estímulo (pressão), defensivos (são mais arcaicos e não terão relação futura com a motricidade) e segmentários ou localizados.

2.1.1 Reflexos posturais e de deslocamento

- *Reflexo de correção*. Provocado por pressão dos pés, com a correspondente verticalização das pernas e do tronco.

- *Reflexo de Magnus ou reflexo tônico-cervical assimétrico*. Reflexo postural assimétrico em que se verifica a orientação para o mesmo lado, da cabeça e do braço, com flexão contralateral do joelho. Desaparece entre os dois e os três meses. Este reflexo facilita a mudança da posição ventral à dorsal, mas provoca a introdução do rosto na água na posição supina, desestabilizando também a *flutuação* nesta posição.

- *Reflexo tônico cervical simétrico.* Serve para manter a cabeça erguida. Favorece a manutenção das vias respiratórias fora da água na posição de pronação. Inicia o movimento de ascensão depois da imersão. Na posição dorsal, dificulta a permanência das vias respiratórias fora da água.

- *Reflexo do passo.* O levantamento da perna diante de um degrau, segurado pelas axilas.

- *Reflexo da marcha automática.* Sustenta-se o corpo do bebê em posição vertical pelas axilas, procurando manter as plantas dos pés dele em contato com a superfície plana. Em resposta, o bebê inicia movimentos rítmicos de marcha. Desaparece por volta dos três ou quatro meses.

- *Reflexo natatório.* É um dos reflexos mais interessantes que se mostra no bebê. Consiste em movimentos de braços e de pernas com certo caráter rítmico, que se realizam ao tomar contato com a superfície da água, sustentado pelas axilas. Alguns autores indicam que, quando estimulado, pode evoluir para movimentos rudimentares do *crawl* ventral. A respeito deste reflexo, Buhler (apud Bugental et al., 1966), depois de observar 445 bebês com idades compreendidas entre os onze dias até os dois anos, classificou as mudanças evolutivas em três fases: 1) a criança se mantém na posição de pronação em que foi submergida e realiza movimentos de natação reflexa; 2) o bebê tende a girar da posição prono à dorsal e os movimentos das extremidades são como os de resistência. Há menos controle sobre os mecanismos respiratórios, o bebê tosse e ingere água; 3) a criança tende a permanecer submersa em posição de pronação, realizando movimentos de flexoextensão, especialmente com os membros inferiores, ainda que menos automáticos que os reflexos, com a intenção de chegar à borda da piscina.

• *Reflexo de engatinhar*. Coloca-se a criança de boca para baixo, ou seja, em decúbito ventral, sobre uma superfície e se aplica pressão na planta dos pés de forma alternada. O bebê responderá com um impulso que provocará o engatinhar, e executará movimentos com os braços e as pernas, empurrando os pés contra a mão que o pressiona. Normalmente, isso desaparece entre os três e quatro meses depois do nascimento. É semelhante ao movimento propulsor do estilo cachorrinho que ocorre mais tarde.

• *Reflexo de subir*. Além dos reflexos que permitem a mudança de posição no plano horizontal, os recém-nascidos apresentam um reflexo similar que lhes permite a ascensão vertical.

• *Reflexo do arrastar*. Posicionando o bebê em uma superfície horizontal, ele tende a realizar movimentos de braços e pernas, simulando os répteis quando querem alcançar algo.

2.1.2 Reflexos de aproximação ou de orientação para o estímulo

• *Reflexos orais e periorais*. Os reflexos de deglutição e de sucção estão presentes no recém-nascido. A cabeça se orienta no sentido da zona perioral.

• *Reflexo dos pontos cardeais*. Também se denomina *reflexo da procura*. Ao tocar-lhe a zona peribucal ou a bochecha, a língua e os lábios são atraídos para o ponto excitado e o bebê roda a cabeça neste sentido. Desaparece por volta dos três ou quatro meses.

• *Reflexo de sucção*. Ao se colocar um dedo na boca do bebê, ele iniciará uma sucção rítmica. A sucção, habitualmente, é menos intensa e menos regular durante os primeiros três ou quatro dias. É um reflexo inato, mas também pode se modificar em razão da experiência adquirida pela criança. Comprovou-se experimentalmente que a pressão de sucção varia com a temperatura, idade da criança e duração do período de alimentação.

- *Reflexo da preensão*. Também conhecido como reflexo palmar ou de agarre. Ao estimular os dedos da mão em sua parte palmar, os quatro dedos (excluindo o polegar) se fecham em volta do objeto que produziu o estímulo. Este reflexo aumenta no primeiro mês e logo diminui, gradualmente, sendo reincorporado entre o 4º mês e 6º mês pela preensão voluntária, que é menos invariável e se caracteriza pela participação do polegar.

- *Reflexo de busca*. Existe desde o nascimento e vai até os cinco ou seis meses; pode ser utilizado para corrigir a posição da cabeça na posição dorsal.

2.1.3 Reflexos defensivos

- *Reflexo de Moro*. Também reflexo do medo, do abraço ou dos braços em cruz. Pode ser provocado de várias formas, como ao deixar cair bruscamente a cabeça da criança sobre a água. A resposta consiste na extensão brusca dos braços em cruz, que logo se aproximam de modo impulsivo. As mãos ficam estendidas e depois se contraem, bem como toda a extensão da coluna e das extremidades inferiores. Desaparece entre o 6º mês e o 7º mês ou até mesmo antes. No meio aquático, facilita a *flutuação* dorsal.

- *Reflexo tátil*. Retrocesso do segmento estimulado.

- *Reflexo auditivo*. É um reflexo com resposta motriz variável, sem orientação diante de estímulos sonoros.

- *Reflexo palpebral*. Fechar e abrir os olhos diante de estímulos luminosos. Este reflexo permite ao bebê orientar-se embaixo da água, pois, nesta fase de reflexos, quando ele se encontra submerso, permanece com os olhos abertos.

• *Reflexo de reação à propulsão lateral do tronco*. É um dos reflexos que aparece mais tarde (sexto ou oitavo mês), depois de adquirida a postura de sentar-se. Este reflexo ocorre quando se provoca um brusco empurro lateral sobre o bebê à altura do ombro, fazendo-o estender o braço do lado oposto para, assim, travar a queda.

• *Reflexo de paraquedas*. Aparece entre o sétimo e o nono mês, e consiste em lançar o bebê em suspensão ventral, com um movimento brusco para uma superfície horizontal, provocando uma extensão dos braços e uma abertura de mãos para se proteger da queda. Em alguns bebês, provoca um impulso a jogar-se ao vazio.

• *Efeito visual do precipício*. Do terceiro ao sexto mês. Quando o bebê está na borda da piscina,

ele inclina o corpo para trás, em vez de inclinar-se para a frente, para lançar-se na água.

• *Reflexo de apneia*. Aparece com o nascimento e tende a desaparecer por volta do sexto mês, quando não estimulado; ainda assim, é fácil reaprendê-lo até um ano de vida. Consiste em um bloqueio da respiração quando a água molha as vias respiratórias externas.

2.1.4 Reflexos segmentários

• *Reflexo do tendão de Aquiles (Aquíleo)*. Depois de receber alguns estímulos no tendão de Aquiles, a criança poderá contrair os músculos da perna, gêmeos, e o pé ficará inclinado para baixo.

• *Reflexo osteotendinoso bicipital*. Perante a estimulação do bíceps braquial do bebê, que se encontra com o braço em extensão e em supinação, ele tende a flexionar o antebraço sobre o braço.

- *Reflexos de fechar do pé.* Ao provocar um movimento rápido de flexão dorsal do pé, realizar uma sucessão rítmica de flexoextensões do pé sobre a perna que não deve ultrapassar os dez movimentos.

- *Reflexo rotuliano.* Depois de um estímulo ocasionado pela percussão da rótula, o bebê tende a realizar um movimento de sacudir a perna para cima, estendendo-a.

- *Reflexo do soluço.* Acompanhado de movimentos da língua e maxilar inferior, intervalado com pausas.

- *Reflexo do espirro.* Considera-se um reflexo protetor do aparato respiratório, já que a presença de um agente estranho nas vias respiratórias, por menor que seja, faz que o organismo se proteja, espirrando e eliminando os agentes estranhos.

- *Reflexo do bocejo.* É um reflexo que traduz a fadiga do recém-nascido.

- *Reflexo de deglutição.* Na presença de alimentos na boca, o bebê tende a realizar movimentos de deglutição.

Neste sentido, segundo Fontanelli (1990), o bebê, ao nascer, está provido de uma série de reflexos que deixam de se observar no decorrer dos primeiros meses de vida. Esses reflexos, se estimulados adequadamente, podem transformar-se em movimentos condicionados e atos voluntários. Durante seu primeiro ano de vida, se for proporcionado ao bebê uma experiência positiva e adequada no meio aquático, seu gosto pela água deverá permanecer, assim como ele poderá adquirir a habilidade de situar as vias respiratórias fora da água, equilibrando-se e desenvolvendo um princípio de motricidade voluntária. Não obstante, não foram encontrados estudos até o momento que confirmem com clareza o condicionamento dos reflexos a longo prazo. Por isso, manifesta-se prudência em confirmar o efeito destes, ainda que se considere importante a utilização dos reflexos como uma experiência a mais no meio aquático (Moreno e De Paula, 2006).

2.2 DESENVOLVIMENTO DO BEBÊ NO PRIMEIRO ANO DE VIDA

A prática no meio aquático proporciona à criança novas possibilidades motrizes, ao mesmo tempo, que lhe permite ter diferentes experiências que irão ajudá-la a crescer; por isso, a experiência aquática deve ser paralela ao crescimento e estar presente de forma continuada. É justo destacar, no entanto, que não se deve pensar que é na quantidade ou na precocidade que se estimulará a maturação ou o crescimento. No entanto, se não existir essa vivência com o meio aquático, uma ótima oportunidade de desenvolver motricidades será desperdiçada, ou seja, destrezas motoras aquáticas, do mesmo modo que acontece no meio terrestre (Del Castillo, 2001).

Para que a motricidade aquática apareça como parte do desenvolvimento motor do indivíduo deve ocorrer a experiência aquática (Del Castillo e González González, 1993). Com efeito, como o ser humano é terrestre sua vida normalmente ocorre no espaço terrestre e sua motricidade se desenvolve conforme as experiências, permitindo a aparição das sucessivas aquisições características dos primeiros anos (engatinhar, andar, correr etc.). Se entre essas experiências não existir a possibilidade de prática no meio aquático, esse tipo de motricidade simplesmente não existirá, e tampouco proporcionará alguma alteração no desenvolvimento motor humano.

A motricidade aquática depende das oportunidades de prática, ou seja, depende do processo de aprendizagem que é produzido ao longo do desenvolvimento.

Isso leva alguns autores a qualificar as habilidades motrizes aquáticas de ontogenéticas e não de filogenéticas (Lawther, 1983).

Com base nessa perspectiva atual do desenvolvimento humano, pode-se afirmar que a possibilidade de aprender está presente desde o começo da vida e que atua indissoluvelmente com o processo de amadurecimento. As crianças apreendem habilidades quando, no momento em que estão capacitadas para resolver os problemas motores que lhes surgem, têm oportunidade e motivação para praticar autonomamente (Del Castillo, 2001).

Numminen e Sääkslahti (1993) compararam o desenvolvimento motor, nos primeiros meses de vida, de crianças que participavam de programas de atividades aquáticas acompanhadas de seus pais com crianças que não recebiam este tipo de estimulação; eles encontraram diferenças significativas favoráveis aos primeiros no que diz respeito ao tempo de aquisição de diferentes habilidades. Assim, os autores mostraram que, como a aprendizagem se baseia na estimulação do sistema nervoso, obtém-se uma resposta ativa da criança. Pode-se pensar que a água, por suas qualidades especiais, proporciona à criança um conjunto variado de possibilidades de ativação sensorial que não pode ser encontrado em nenhum outro lugar, pelo menos em tão precoce idade. Assim, a água pode permitir à criança, vivenciar experiências que lhe estimulem a integração sensorial (visão-tato) e, ainda que indiretamente, a formação de modelos mentais para uma aprendizagem e controles motores apropriados (Numminen e Sääkslahti, 1993).

Os trabalhos de Langendorfer e Bruya (1995) indicam que as habilidades motrizes aquáticas evoluem, inicialmente, segundo progressões ordenadas de forma regular, com ou sem instrução formal, tal e qual como ocorre com as habilidades motrizes no meio terrestre. Consequentemente, pode-se admitir, como indicado há pouco, que, nas primeiras fases do desenvolvimento infantil, o componente de amadurecimento biológico parece ser o determinante, o mais diverso e rico nas mudanças que se observam na conduta aquática. Destaca-se que a falta de uma prática mais ou menos sistematizada demonstra a aparição de alterações quantitativas na resposta aquática da criança (McGraw, 1939; Mayerhofer, 1952).

Ao se observar o desenvolvimento do bebê durante o primeiro ano, pode-se verificar que ele evolui sustentado por parâmetros sequenciais que normalmente se repetem, ainda que, como se sabe, a individualidade do desenvolvimento do bebê permita que, muitas vezes, esses marcos sejam obtidos em momentos diferentes, em alguns casos mais cedo e, em outros, mais tarde.

Em seguida, de forma resumida e organizada por meses, aponta-se o que o bebê é capaz de conseguir.

2.2.1 De zero a três meses

As respostas dos bebês no primeiro mês são automáticas aos estímulos externos, ficando fora de seu controle. São os chamados movimentos reflexos.

Somente a partir do segundo mês é que o bebê mostra alguns sinais de seu controle muscular, por exemplo, ao levantar a cabeça para olhar. É com base nessa capacidade e em razão do interesse pelas coisas que o rodeiam que é possível começar a estimulá-lo.

A partir do terceiro mês, o bebê mostra grande interesse pelo novo (brinquedos, pessoas etc.), já pode coordenar as ações de olhar, agarrar, chupar e, por isso, começará a utilizar suas mãos para alcançar objetos que sejam de seu agrado. Nessa etapa, é importante exercitar os reflexos.

Um mês

- Pouco controle dos movimentos da cabeça em razão da sua falta de tonicidade muscular.
- Gira quando tocam sua bochecha.
- Reflexos Babinski, de pressão, patada e palpebral.
- Sua memória imediata dura até, aproximadamente, 3 segundos.
- Produz sons simples, gritos e gorjeios. Utiliza as vogais *a* e *u*.
- Pode seguir os objetos com os olhos até, aproximadamente, 20 centímetros de distância.
- Mostra sensibilidade aos cheiros, inclusive girando a cabeça.
- Discrimina a frequência, o tom e o ritmo dos sons, ainda que não consiga localizá-los.
- Responde aos sons suaves. Diante de ruídos inesperados, chora em sinal de alerta.
- Diferencia o calor do frio, o mole do duro, o liso do áspero etc.
- Olha nos olhos da pessoa que o levanta.
- Apresenta o reflexo natatório em contato com o meio aquático.
- Flutua em posição dorsal com pouco apoio.

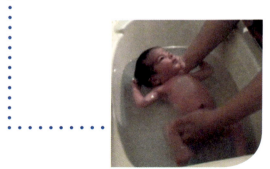

Dois meses

- As ações reflexas começam a desaparecer e se convertem em ações mais voluntárias.

- Tenta manter a cabeça erguida.

- Em posição horizontal, dá pontapés, agita mãos e pés.

- Joga com suas mãos, abrindo-as para agarrar quando lhe apresentam um objeto.

- Excita-se diante de um objeto, antecipando seus movimentos, chegando, inclusive, a apresentar preferência por um dos lados.

- Começa a diferenciar o interno do externo, a proximidade e o tamanho dos objetos.

- Também começa a diferenciar as vozes de outros sons e os sabores.

- Emite gorjeios, inclusive, emite sons de uma só sílaba.

- É capaz de fixar o olhar e mirar nos olhos; pode criar uma imagem precisa dos objetos, seguindo-lhes em sua trajetória.

- Pode ver a 50 centímetros de distância objetos tridimensionais coloridos.

- Busca a origem dos sons e gira em sua busca. Diante de sons fortes, responde com agitação.

- Mostra confiança e conforto quando o acariciam, sorrindo perante estes estímulos.

- Quando suas vias respiratórias entram em contato com a água, produz-se o fechamento da glote.

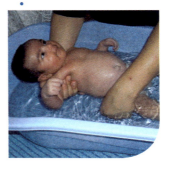

Três meses

- Move suas pernas e braços vigorosamente.

- Quando lhe sustentam em posição vertical, suporta seu próprio peso com os pés apoiados sobre uma superfície.

- Em posição ventral é capaz de contrair suas costas e levantar a cabeça durante dez segundos.

- Tenta agarrar os objetos quando estão perto dele, dirigindo deliberadamente seus braços para o objeto.

- Lembra os objetos que já viu antes, assim como os familiares, explorando-lhes o rosto, os olhos e a boca com suas mãos.

- Faz balbucios, ronrona e dá pequenas gargalhadas; é possível diferenciar seu choro de sono e de fome.

- Chega a fixar o olhar em objetos que se encontram a 3 metros de distância.

- Chega a girar sua cabeça a 180°, procurando algum objeto a 30 centímetros dele.

- Mostra interesse pelas cores.

- É capaz de identificar a fonte do som e girar sua cabeça com controle para a direção da qual provém.

- Utiliza a boca para descobrir os sabores e as texturas dos objetos mais próximos.

- Aparece sorrindo continuamente.

- Os horários de dormir, de comer e de quando está alerta começam a ser mais regulares.

- Flexiona e estende as pernas de forma alternada e rápida no meio aquático.

- Quando lhe cai água pela cabeça ou pelo rosto, reage, abrindo e fechando os olhos.

2.2.2 De quatro a seis meses

Durante esta etapa, o bebê reproduz situações que vivenciou anteriormente e que, numa fase de descoberta, foram interessantes para ele. É uma etapa em que explora o que tem perto dele e, por isso, o movimento constitui uma de suas necessidades psicológicas básicas. Essa situação lhe permitirá dar início aos movimentos adaptativos antecipatórios. Nesse sentido, a boca continua sendo um dos meios mais importantes de conhecimento, exploração e aprendizagem dos objetos.

Quatro meses

- Apresenta um bom controle sobre os movimentos da cabeça.

- Gira em direção ao objeto que lhe chama a atenção.

- É capaz de manter-se sentado por alguns minutos apoiado sobre alguém.

- Pode realizar giros desde a posição dorsal para ambos os lados, até conseguir dar a volta por completo.

- Estende os braços para alcançar os objetos com a mão aberta preparada para agarrá-los.

- É capaz de alterar a posição dos objetos e sua distância; é capaz de observar as trocas, se os afastam dele.

- Apresenta uma memória imediata entre 5 e 7 segundos.

- Balbucia como tentativa de iniciar uma integração com as pessoas que o rodeiam.

- É capaz de coordenar o movimento de seus olhos com o de suas mãos.

- Os sons provocam nele reações de alegria e de desagrado.

- Reconhece a sua mãe visual e auditivamente.

- Tem reações como o medo frente a situações estranhas para ele.

- Pode chegar a jogar de quinze a vinte minutos.

- Agarra com facilidade os brinquedos na piscina.

- Abre os olhos quando submerge a cabeça na água.

- Resiste ao entrar na piscina.

Cinco meses

- É capaz de realizar um giro de 180° sem ajuda.

- Quer levar tudo à boca.

- Começa a conhecer seu corpo, utilizando-o para alcançar o que quer.

- Emite sons de vogais e muitas consoantes como: *d, b, l, m*, que une fazendo *pa, ma* etc.

- Imita sons e movimentos deliberadamente.

- Interessa-se por objetos que estão a mais de um metro de distância.

- Aumenta sua interação com os demais, jogando com eles.

- É capaz de se equilibrar e se reequilibrar em posição dorsal.

- Pode equilibrar-se em *flutuação* ventral em apneia (2 a 3 segundos).

- É capaz de se deslocar (com material de *flutuação*) em uma pequena distância, sem ajuda do acompanhante.

- Dentro da água move os pés de forma alternada.

- Apenas com o apoio das mãos do acompanhante é capaz de flutuar em posição dorsal.

Seis meses

- Pode chegar a sentar-se com apoio.

- É capaz de girar facilmente em todas as direções.

- Alguns bebês são capazes de engatinhar.

- Inicia a ação de transposição intencionada de um objeto de uma mão para outra.

- Seus movimentos são voluntários e repetitivos.

- Pode imitar ruídos com objetos.

- É capaz de antecipar os movimentos, chegando, inclusive, a interromper uma ação quando lhe dizem não.

- Aumenta a expressão monossilábica: *ma, mu, da, de* etc.

- Tenta imitar a expressão facial.

- Sente temor perante um estranho.

- Mostra ansiedade quando se situa frente a uma situação desconhecida sem seus pais.

- É capaz de mudar de direção (apoiando-se em material de *flutuação*) durante um deslocamento, sem a ajuda do acompanhante.

- Não chora depois de uma imersão.

- Agita a água com as mãos.

2.2.3 De sete a nove meses

Nesta etapa, os bebês buscam obter as mesmas coisas por diferentes caminhos. É um período em que ensaiam as diferentes formas de alcançar o que querem, graças à sua capacidade em se deslocar arrastando-se, engatinhando ou caminhando com apoio para todos os lugares; no meio aquático precisam da ajuda de um adulto ou de um material de *flutuação*.

Sete meses

- Tem controle sobre seus músculos, podendo, dessa forma, permanecer sentado durante alguns minutos com o tronco inclinado para frente.

- Arrasta-se, pode engatinhar e girar sobre si mesmo.

- É capaz de golpear (forte ou suave) sobre superfícies, levando objetos nas mãos.

- É capaz de distinguir a distância à qual se encontram os objetos e fixar-se nos detalhes.

- Tem reações emotivas frente a outros bebês, sorrindo ou estranhando-os.

- Chora quando um familiar de referência se afasta, ainda que rapidamente se esqueça desse fato.

- Imita ruídos e pode vocalizar ditongos (*ie*, *ea*) e sílabas (*ma, ma*; *pa, pa* etc.).

- Começa a entender o significado do não pelo tom de voz.

- Sozinho, tenta introduzir o rosto na água.

- É capaz de, dentro da água, agarrar os brinquedos.

- Realiza giros sobre o eixo longitudinal dentro da água.

Oito meses

- Sentado, pode inclinar-se para a frente ou para trás e voltar à posição inicial.

- Pode subir por uma escada.

- É capaz de seguir o som da música quando está em pé, com ajuda.

- Pode ficar sentado, sozinho, durante vários minutos.

- É capaz de introduzir objetos num recipiente.

- Repete pequenas séries de movimentos realizados anteriormente. Consegue, ainda, emitir palavras repetindo o que ouve.

- Entende quando chamam por seu nome e chora perante a ausência de sua mãe.

Nove meses

- Tem maior facilidade para engatinhar e dar voltas.

- É capaz de colocar objetos num buraco.

- Constrói torres com dois blocos.

- É capaz de resolver tarefas simples.

- Pode seguir instruções simples.

- Aparece o medo de altura e a precaução com espaços verticais.

- Começa a dizer *mamá, papá*.

- Diferencia objetos de pessoas.

- Pode ouvir canções com maior atenção.

- Começa a selecionar brinquedos e o defende como seu.

- Mostra-se muito sensível a outras crianças.

- É capaz de manter o equilíbrio na água, apoiando-se apenas num flutuador espaguete (macarrão).

- Consegue sair da água pelo colchão ou pela borda da piscina.

- Desloca-se sozinho, apoiando-se num flutuador espaguete pela piscina.

2.2.4 De dez a doze meses

Em razão da facilidade em deslocar-se, o bebê consegue, nesta etapa, um grande avanço no desenvolvimento das habilidades e, sobretudo, do equilíbrio.

Dez meses

- Engatinha com agilidade.
- Põe-se de pé com apoio e dá passos com ajuda.
- É capaz de sustentar dois objetos pequenos numa só mão.
- Começa a entender a relação entre a ação e a reação.
- Reconhece algumas partes de seu corpo.
- Aumenta o número de condutas por imitação.
- Entende e obedece algumas palavras ou ordens.
- Aparecem as consonantes começadas com som de *g* posteriores: *q, k, ke.*
- Diferencia o grande do pequeno e o perto do longe.
- Responde à música, balançando-se, saltando e tentando cantarolar.
- Tem interesse pelos bebês maiores que ele.
- A mãe é o refúgio constante.
- Pode chegar a realizar deslocamentos em posição ventral em apneia.
- Lança-se à água partindo da borda da piscina.
- Demonstra autonomia na água.
- Desloca-se na água só com apoio em suas axilas.

Onze meses

- Já pode colocar-se sozinho em pé.
- Sobe as escadas e desce-as de costas para água.
- Ultrapassa os obstáculos, engatinhando por cima ou por baixo deles.
- Começa a dar pequenos passos sem ajuda.
- É capaz de agarrar objetos menores, utilizando de maneira precisa o indicador e o polegar, colocando-os em forma de pinça.
- Associa propriedades com a pessoa, animal ou coisa.
- Pede os objetos que quer alcançar.
- Obedece a ordens e já reconhece o significado do não.
- Compreende a linguagem e pode expressar seus desejos com gestos e algumas palavras.
- Imita movimentos dos adultos e jogos das crianças.
- Busca a aprovação dos demais e evita a desaprovação.
- Aumenta a dependência em relação à mãe.
- Sopra a água, fazendo borbulhas na superfície.
- Salta para a água realizando uma imersão sem demonstrar medo.
- Equilibra-se sozinho com pequenos apoios.

Doze meses

- É capaz de se erguer, engatinhar e sentar-se facilmente. Começa a caminhar sem ajuda.
- É capaz de agarrar objetos em movimento.
- Constrói torres de dois ou três blocos.
- É capaz de ajudar-se com uma mão enquanto a outra está ocupada.
- Aumenta seu tempo de memória de curto prazo.
- Aparece a compreensão de palavras e de ordens simples.
- Balbucia, construindo orações curtas, de quatro palavras.
- Reage frente à terceira dimensão do objeto.
- É capaz de olhar para a pessoa ou objeto quando escuta o nome ou a palavra.
- Oferece afeto e começa a mostrar preferência por determinados brinquedos.
- Teme as pessoas estranhas quando se encontra em lugares desconhecidos, fato que será solucionado quando se sentir seguro e cômodo.
- Deixa de levar os objetos à boca.
- Salta para a água de pé.
- É capaz de realizar um pequeno deslocamento aquático sem nenhum tipo de ajuda.
- Demonstra autonomia no meio aquático com ajuda de material de *flutuação*.

3) PROPOSTA METODOLÓGICA DE ESTIMULAÇÃO AQUÁTICA

Como indica Del Castillo (2001),

> na água precisamos de uma superfície sólida que permita o apoio e a construção de movimentos a partir de uma posição estática de equilíbrio em razão da gravidade. O meio aquático oferece apoios dinâmicos não tão evidentes como os terrestres, que a criança deve aprender a utilizar. Por isso, a construção de seus movimentos não pode partir de uma posição estática equilibrada, mas, sim, da adoção de uma posição dinâmica equilibrada.[2] (Del Castillo, 2001, p. 56)

Considerando que as características físicas do meio aquático permitem a *flutuação* e que o corpo humano, por sua menor densidade, pode manter-se em equilíbrio, flutuando na superfície com uma porcentagem mínima de seu corpo imergido, foram desenvolvidos muitos métodos de intervenção para a primeira infância privilegiando a *flutuação dorsal autônoma*. Esses estudos apontam que, uma vez dominada esta *habilidade*, estaria garantida a função vital de respirar, podendo, portanto, iniciar o desenvolvimento da motricidade aquática. Como não se compartilha desse tipo de planejamento, pois considera-se a *flutuação* dorsal mais um mecanismo de estimulação, optou-se por incluí-la na descrição. Por esse motivo, as características básicas dessa intervenção serão descritas.

---

[2] "en el agua carecemos de una superficie sólida que permita el apoyo y la construcción de movimientos a partir de una posición estática de equilibrio en contra de la gravedad. El medio acuático ofrece apoyos dinámicos no tan evidentes como los terrestres, que el niño debe aprender a utilizar. Por lo tanto, la construcción de sus movimientos no puede partir de una posición estática equilibrada sino de la adopción de una posición dinámica equilibrada."

3.1 CONSIDERAÇÕES GERAIS PARA A ESTIMULAÇÃO AQUÁTICA

Com base nos estudos indicados até o momento e em outros trabalhos (Moreno, Pena e Del Castillo, 2004; Moreno e De Paula, 2005; Moreno, López e Abellán, 2003), a seguir, serão apresentadas as características básicas que devem ser cumpridas para poder utilizar a prática aquática como estimuladora no primeiro ano de vida.

3.1.1 Interação no ambiente aquático

O bebê, durante todo o período de vida intrauterina, está envolvido num meio aquoso, chamado *líquido amniótico*. Este líquido contém uma substância que prepara, de modo gradual, a passagem da respiração fetal do meio aquoso ao aéreo. Esse é um dos fatores essenciais durante as aulas de atividades aquáticas, pois o contato com a água representa para o bebê, na maioria dos casos, uma recordação de sua vida intrauterina e, por isso, uma sensação de segurança e prazer.

Para que esse sentimento seja verdadeiro, é necessário respeitar alguns cuidados com o próprio ambiente no qual a aula irá decorrer. No entanto, os pais, por falta de conhecimento e de tempo, na maioria das vezes, não dão importância à estimulação e tampouco a exercitam em casa. É sabido que o estímulo que se proporciona ao bebê nessa etapa tem um grande impacto no seu desenvolvimento, pois é o momento em que se produz um maior crescimento cerebral. Por esse motivo, o meio aquático pode se converter num aliado para o desenvolvimento cerebral. Nesse sentido, no primeiro ano de vida, produz-se um processo que pode levar o bebê a ser mais estimulado, ou seja, nesse período de maior desenvolvimento, conforme o cérebro se desenvolve, vai permitindo ao bebê processar mais estimulação.

3.1.2 A relação pais-bebê-educador

É importante a participação dos pais e das mães nas aulas, aumentando o laço de amor e carinho entre pais e filhos, proporcionando a ambos um maior conhecimento de suas emoções e sentimentos. Quando o pai ou a mãe dedicam tempo à estimulação aquática, deve-se que evitar que as variáveis ambientais interrompam esse maravilhoso momento. As alterações que serão provocadas no contexto da piscina apenas dependerão das mudanças de brinquedos, de música ou de atividade, mas se o bebê se sente atraído por um determinado objeto não será obrigado, nem forçado a trocá-lo por outro.

O reforço positivo (abraços, aplausos, beijos, carícias etc.) deve prevalecer todas as vezes em que seja possível. Atividades serenas e carinhosas são bons aliados para a estimulação. Infelizmente, em razão de questões profissionais, em alguns casos, os pais não conseguem acompanhar os filhos, ficando esta tarefa designada aos acompanhantes ou às babás. Quando não é possível a presença dos pais, é bom ter uma atenção redobrada em relação ao educador e à criança, pois da mesma forma que entre eles pode haver uma boa relação de amizade e de afeto, também pode ocorrer o contrário. Deve-se considerar que, na estimulação aquática, não pode existir pressão para aprender, tampouco deve haver as comparações entre as aprendizagens dos bebês, pois se trata de uma situação individual. Nesse sentido, os acompanhantes devem realizar aquilo que for indicado pelo educador, como afirma Moreno, Pena e Del Castillo (2004).

3.1.3 O meio aquático produz estimulação

Depois de alguns anos de observação, trabalhando com diversos grupos de bebês, podemos comprovar os benefícios que os estímulos experimentados no meio aquático podem produzir a eles, se comparados a outros que não recebem estímulos similares, o que seria um incentivo para seguir utilizando-os. A meta a ser conquistada com o bebê é a de provocar a curiosidade nele, para que busque sozinho o estímulo mais interessante para si. Esse descobrimento produzirá uma dupla satisfação no bebê, que se beneficiará da própria estimulação e do descobrimento de sua capacidade de poder resolver os problemas sozinho. É por isso que o compromisso dos pais e dos educadores aquáticos deve se encaminhar para uma participação ativa no processo, dando liberdade de ação ao bebê.

3.1.4 Importância do processo de atenção do bebê na estimulação aquática

No meio aquático, é necessário estar atento àquilo que acontece para que o estímulo tenha efeito, uma vez que é preciso procurar os benefícios dos estímulos do meio para o bebê, chamando a atenção dele. Se o bebê conseguir prestar atenção ao que lhe apresenta o meio, será capaz de não prestar atenção aos distintos estímulos que podem ocorrer. Para que isso aconteça, é necessário coincidir o estímulo apropriado com o estado apropriado do bebê. Nesse sentido, fazer o bebê prestar atenção a um estímulo quando estiver chorando se tornará uma difícil tarefa. Pode-se comprovar distintas respostas da criança quando o processo de atenção se concretiza: giro da cabeça para o estímulo, mudança/alteração da expressão facial, dilatação das pupilas, fixação do olhar no objeto de atenção (de 4 a 10 segundos, aproximadamente), afastamento dos dedos das mãos e dos pés para tocar no estímulo, diminuição da frequência cardíaca (de 6 a 8 batidas por minuto), respiração mais lenta (de 4 a 6 ciclos de respiração por minuto) etc.

3.1.5 A interação com o meio aquático pela observação

A aprendizagem do bebê é maior conforme ele interage mais com o meio aquático, uma vez que a observação deve fazer parte do processo. No entanto, é importante evitar a função passiva receptora do bebê nas ações no meio aquático com seus pais e/ou educador. A aprendizagem ocorrerá graças à ação dele com o meio, vivenciando diversos estímulos que, por sua vez, darão sentido às ações e situações recriadas.

3.1.6 A repetição como mecanismo de aprendizagem

A metodologia utilizada aqui para a estimulação dos bebês, ainda que se diferencie de trabalhos anteriores (Moreno e Gutiérrez, 1998; Moreno, 2001, 2002), coincide, em grande parte, com o chamado *Método Aquático Compreensivo* que, apesar de ser aplicado predominantemente na etapa dos seis aos 12 anos, as últimas experiências (Moreno, Pena e Del Castillo, 2004) vieram confirmar sua utilidade na etapa do zero aos 6 anos, justificando-se apenas com algumas adaptações. Segundo Moreno, López e Abellán (2003), esse método se caracteriza, de forma resumida, em uma descoberta pelo aluno das suas possibilidades de movimento no meio aquático mediante o jogo. A indagação é o pilar de apoio desse descobrimento, ainda que nos primeiros meses de trabalho, até que a criança tenha adquirido a motricidade voluntária, o educador e/ou os pais provoquem uma estimulação à criança no meio aquático com base na repetição.

As ações repetitivas pretendem estimular o bebê para que ele alcance a sensação de segurança e possa desfrutar da experiência. Desenvolvê-las nesses primeiros meses de vida permitirá adquirir determinadas ações aquáticas e, quando se consegue que o bebê se adapte a um estímulo adquirido por meio da repetição, começa a não ser necessária tanta atenção na repetição seguinte, deixando de ser esta uma meta para ele. Desse modo, é possível alcançar um patamar superior de estimulação, possibilitando menos ênfase nas aprendizagens anteriores e prevalecendo o desenvolvimento de novas habilidades. Deve-se evitar que a repetição deixe de ser estimulante para o bebê, pois no momento em que ele se habitua, a insistência pode gerar chateação e, por isso, a atenção poderá ser desviada do objeto principal. Quando isso ocorre, deve-se seguir para outra atividade. É o momento de aplicar o princípio da variabilidade, procurando promover a mesma habilidade em distintos contextos e situações.

Se o tipo de intervenção pedagógica for dividido por idades, durante o período de 0 a 2 anos, é necessário utilizar uma estratégia na prática global; quando o educador está se dirigindo aos pais, aos tutores ou aos responsáveis, ele o fará mediante uma estratégia na prática global, polarizando a atenção. As crianças exploram o que as rodeiam e aprendem por meio da tentativa e do erro e da imitação. Quando o educador se dirige aos pais, aos tutores ou aos responsáveis, ele deve aplicar, principalmente, a instrução direta. De igual forma, no trabalho com os pais, serão utilizados dois estilos de ensino em razão do tipo de trabalho a ser desenvolvido: designação de tarefas e/ou microensino.

3.1.7 A posição do bebê no meio aquático

Antes dos oito/nove meses, é muito importante a posição que o bebê tem dentro da água, pois ela determinará a relação com o espaço, assim como o tipo de movimentos que a criança poderá realizar. Depois desse período inicial, prevalece a manutenção de rotinas já adquiridas, promovendo segurança e confiança no meio que já é do seu conhecimento. Deve-se buscar, então, posições verticais do bebê na água para que experimente os distintos estímulos do meio. Antes dos oito meses, a posição horizontal com a proximidade dos pais e educadores dará mais segurança ao bebê, pois o fará procurar a alternância nas posições.

3.1.8 Lateralidade na estimulação

É sabido que, durante os três primeiros meses de vida, o lado direito do bebê é mais sensível que o esquerdo, encontrando, dessa forma, maior facilidade para girar para o lado direito que para o esquerdo. Nesses primeiros meses, esse lado é mais sensível ao tato, aos sons e às mensagens visuais, sendo possível observar comportamentos mais rápidos de afastamento no bebê frente a objetos que se lhe apresentem por seu lado esquerdo, uma vez que será bom começar sempre a interação apresentando a estimulação pelo seu lado direito. Não obstante, não se deve esquecer também a estimulação do lado oposto, pois a estimulação bilateral permitirá um melhor desenvolvimento do bebê.

3.1.9 O estado de ânimo do bebê no meio aquático

A importância do fator afetivo é determinante e reconhecida pela maioria dos estudiosos (García, 1983; Winnicott, 1990; Da Fonseca, 1994), já que pode chegar a bloquear totalmente a conduta da criança, impedindo-a de qualquer aprendizagem, especialmente em idades precoces, em que a capacidade de racionar é elementar. Uma criança que se sinta insegura e teme a água não é capaz de aprender porque está bloqueada pelo medo. A sensação de segurança deve estar presente a todo momento para favorecer a exploração (Ruiz, 1999). É importante considerar que, apesar da experiência que se propõe a uma criança ser segura (não oferece risco físico algum), ela pode interpretar como perigosa e sentir-se insegura. Por isso, é necessário evitar os enganos, pois a dupla mensagem pode confundi-la. A sensação de segurança que o bebê necessita no meio aquático liberta o resto de ações a serem conquistadas, pois situações de recompensa positiva continuada permitirão o seu bem-estar, aumentando o seu nível de ação.

3.1.10 A estimulação aquática como motivação ou relaxamento

Os primeiros meses do bebê são marcados por um determinado ritmo vital, que deverá preveni-lo de desajustes. Assim, a estimulação no meio aquático deverá coordenar-se com esse ritmo no momento mais adequado, evitando que seja durante o período de sono, alimentação etc. Haverá, ainda, dias em que o bebê não está com disposição para ser estimulado, seja na banheira seja na piscina. Deve-se ter em mente que o bebê pode sofrer tanto sobre-estimulação como subestimulação. Nesse sentido, o sistema com o qual se trabalhará com o bebê permitirá identificar a resposta dele frente aos estímulos, evitando tanto uma como outra situação. Por isso, dependendo das respostas que se obtenha do recém-nascido, será possível identificar se o estímulo suscitado é motivador ou não para o bebê. No meio aquático, uma canção pode ter um duplo objetivo: motivar para a ação ou relaxar a ação, e este é um exemplo do duplo sentido que pode ter o estímulo.

3.1.11 Condições físicas dos espaços

Em relação ao espaço físico, é preciso ter muito cuidado com a higiene das instalações e, por conseguinte, com a água. A piscina deve estar sempre limpa e a água deve ser tratada quimicamente para evitar a proliferação de fungos, bactérias e germes, sobretudo, porque os bebês podem urinar e defecar na água. Antes de inscrever o bebê num programa de atividades aquáticas, é importante verificar as condições da piscina, conferir se a água é cristalina, se ela apresenta um pH de 7,4 a 7,6, nível de cloro de 2 ppm e temperatura média de 32 °C. O ideal é que a piscina fosse utilizada somente para aulas de bebês. Existem, ainda, outros parâmetros a se considerar, mas que estão relacionados a aspectos mais extremos ao meio, como a localização e a realidade do lugar no qual se ministram as aulas, como piscina coberta ou descoberta, cidade mais quente ou fria; essa variação deve ser observada e será eficaz de acordo com a resposta dos bebês. Nos primeiros meses (da 16ª a 20ª semana), na banheira de casa, a temperatura deverá estar próxima aos 36 °C. O próximo passo, para a piscina, deveria realizar-se de forma progressiva, passando de 30 °C a 34 °C para terminar entre 28 °C e 32 °C, ao final do ciclo.

É preferível que a piscina tenha pouca profundidade, mas suficiente para que um adulto se sinta confortável e possa passear com a criança em seus braços sem que necessite agachar-se. A praia da piscina (área que está compreendida entre a borda da piscina e a parede) tem de considerar que todas as crianças que começam a engatinhar ou a caminhar devem deslocar-se sem perigos nessa área. É necessário, ainda, lembrar que as crianças devem tomar banho antes e depois da atividade. Antes, para que se adaptem à temperatura, e, depois, para retirar os restos de produto da piscina que tenham ficado na pele, evitando irritações. Por esse motivo, é preferível que os chuveiros tenham mangueiras flexíveis, que permitam dirigir a água para o ponto que se quer. Para banhá-los, é necessário ter uma banheira ou um espaço no qual se possa deixar o bebê, sem risco de cair ou escorregar, e se possa lhe dar banho com toda a tranquilidade. O vestiário deverá ter chuveiros para os pais, para que o bebê seja acompanhado a todo momento. É ainda importante dispor de uma mesa ou de um espaço suficientemente alto para trocar o bebê, sem que os pais tenham que estar numa posição desconfortável.

3.1.12 Idade ideal para começar as atividades

Uma das maiores polêmicas entre os autores que escrevem sobre atividades aquáticas para bebês continua sendo, sem dúvida, a idade com a qual começar as práticas. Alguns defendem a iniciação das aulas no terceiro mês de idade, pois só a partir daí surgem os movimentos intencionais. A nossa proposta tem início a partir da primeira semana de vida, pois à medida em que o tempo passa, ele tomará consciência de si, de seus sentimentos e das pessoas que o rodeiam. O descobrimento do mundo físico é um processo que se inicia no nascimento e se completa aos 18 meses. Nesta época, o bebê já apresenta as noções de objeto permanente, espaços unitários, tempo e casualidade.

O recém-nascido entra em contato com o mundo por meio da sucção, da visão, da audição e da preensão. Conforme vai exercitando e alterando os reflexos, enriquece o seu repertório psicomotor com a aquisição de novos comportamentos.

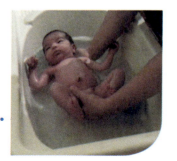

3.1.13 Duração das sessões e do programa

O horário deve basear-se na idade dos bebês e no perfil dos pais que participam da atividade, como trabalhadores, donas de casa etc. As sessões serão de 10 a 20 minutos para bebês de 16 a 20 semanas de vida e aumentarão progressivamente, até chegar aos 40/45 minutos aos 6 anos.

É aconselhável que o programa comece na banheira de casa, cuidando para realizar as atividades próprias da idade quatro vezes por semana, para somente depois passar, de forma progressiva, à piscina, começando com uma ou duas sessões por semana.

O horário de realização da prática dependerá dos recursos materiais e humanos, ainda que o ideal nos primeiros meses seja realizar o banho antes da última refeição da tarde ou da noite. Ainda assim, dois momentos distintos para a realização da sessão são propostos: entre 11 h e 13 h e entre 16 h e 19 h.

3.1.14 Frequência dos estímulos

Os estímulos visuais, auditivos e táteis devem ocorrer de forma que seja possível aumentar progressivamente a sua frequência, intensidade e duração, considerando que cresçam ao ritmo do desenvolvimento do cérebro da criança. É válido lembrar que o desenvolvimento cerebral se produz graças à informação que produz ações, posteriormente se convertendo em *bits* de inteligência e permitindo a continuidade no conhecimento futuro.

É importante que se fale continuamente com o bebê durante a estimulação aquática, pois tal situação permitirá o reconhecimento da linguagem e a futura utilização desta. Próximo do primeiro ano, e já colaborando com o futuro desenvolvimento da escrita, poderá promover situações de estimulação aquática nas quais se possam utilizar cartazes grandes com palavras familiares, como partes do corpo, objetos, alimentos, animais, cores etc., e relacioná-las com comportamentos aquáticos. É fundamental repetir o estímulo aquático várias vezes, até que o bebê aprenda, aumentando de forma progressiva o tempo de estimulação e estabelecendo o período de descanso adequado para uma melhor disposição à atividade seguinte. Essa seria uma rotina para o bebê, ainda que, por vezes, as respostas possam tardar em aparecer.

É preciso ter em conta que, dadas as características do bebê, não se deve estimulá-lo sempre no meio aquático, já que existem ainda outros momentos em que é necessário deixá-lo intervir livremente na busca por sensações próprias.

3.2 OBJETIVOS ESPECÍFICOS DO PROGRAMA

O principal objetivo que percorre este programa é conseguir que a criança desfrute, ao mover-se livremente na água em interação com seus pais e com os educadores, de tal forma que a prática aquática seja mais um elemento em sua formação integral (Moreno, López e Abellán, 2003). Busca-se concretamente:

- Respeitar os direitos e a dignidade das crianças.

- Instruir os pais sobre os métodos que ajudem seus filhos a serem mais confiantes e felizes.

- Proporcionar aos bebês uma ampla gama de experiências motrizes aquáticas para que se tornem autônomos nesse meio.

- Ajudar os bebês e as crianças a familiarizarem-se com a água por meio de uma atividade social.

- Promover a confiança na água numa idade precoce.

- Introduzir os pais e as crianças às rotinas e às relações que envolvem a segurança ao redor da água.

- Introduzir atividades aquáticas preliminares que, com o amadurecimento, paciência, prática e tempo, podem induzir o desenvolvimento das habilidades aquáticas na idade apropriada (fechar na água: os olhos, a boca e o nariz, bloquear, voluntariamente ou de forma reflexa, o ato inspiratório, posicionar-se horizontal e verticalmente na superfície e em imersão, e utilizar mãos e pés como instrumentos propulsores).

- Obter diversão e prazer na prática.

- Aprender o uso apropriado dos dispositivos pessoais de *flutuação*.

De igual modo, apresenta-se uma seleção de objetivos de atitude, conceituais e de procedimento.

Atitudes

- Utilizar as próprias sensações das crianças em movimentos espontâneos.

- Mostrar-se sensível à comunicação corporal.

- Imitar sensações diversas com o corpo.

- Aceitar e respeitar a diversidade física de opinião e ação.

- Relacionar ações corporais dos companheiros com o seu significado.

- Experimentar o jogo como objeto de relação grupal.

- Participar das atividades do grupo, tanto as dirigidas como as espontâneas.

- Ser capaz de decidir e de escolher entre as diferentes alternativas que se apresentam.

- Ampliar a relação entre crianças, pais e professores.

- Partilhar o material com os companheiros.

Conceituais

- Identificar as normas higiênicas estabelecidas.

- Identificar as diferentes palavras que se utilizam na sessão e compreender o seu significado.

- Identificar distintas posturas: vertical, horizontal etc.

- Reconhecer gestos mediante a imitação.

- Conhecer as diferentes vias respiratórias.

Procedimentos

- Experimentar distintas posições do corpo na água.

- Adotar, livremente, diferentes posturas na água.

- Descobrir e realizar, com ajuda, diferentes tipos de deslocamento na água.

- Realizar diferentes tipos de deslocamento na água em distintas profundidades, com ou sem ajuda.

- Experimentar as distintas habilidades motrizes básicas no meio aquático.

- Estimular a criança a rastejar-se por diferentes superfícies, apoiando-se em diferentes partes do corpo.

- Coordenar os movimentos com os companheiros ou pais em distintos jogos e situações.

- Realizar movimentos segmentários independentes do todo corporal.

- Realizar movimentos com os lados do corpo, tanto os simétricos quanto os assimétricos, os sucessivos e os simultâneos.

- Relacionar-se por meio do jogo simbólico.

3.3 MATERIAL

Acredita-se na utilização de um espaço o mais seguro e agradável possível para o bebê, em que os materiais estejam integrados. Estima-se a importância dos materiais de flutuação uma vez que, de forma progressiva, darão acesso à autonomia no meio aquático, pois a sua utilização deve evitar a dependência dos pais ou do bebê.

Os brinquedos e os objetos devem ser lavados com água e sabão neutro e, se possível, secos ao sol para que estejam sempre limpos, já que os bebês os levam à boca com frequência. É extremamente importante que ao redor do espaço da água existam brinquedos, tapetes antiderrapantes e objetos adaptáveis ao tamanho das crianças, ou seja, todos os tipos de brinquedos flutuantes que ajudem a criança no seu desenvolvimento, como brinquedos para salpicar e verter água de um lugar para outro; procurar sempre os que sejam apropriados à idade da criança (bolas pequenas, arcos de plástico, regadores, barquinhos de plástico, barcos etc.). Quando os bebês bebem água da piscina, desde que ela esteja limpa e bem tratada, não haverá problemas, pois a quantidade ingerida durante uma aula é muito pequena. A utilização da música como mais um elemento de estimulação ajudará a converter o momento de prática num ambiente mais agradável.

3.4 CONTROLE DO DESENVOLVIMENTO MOTOR AQUÁTICO

É necessário realizar uma avaliação rápida do desenvolvimento motor aquático de forma sistemática para determinar o nível de maturação da criança e, mediante o resultado, desenhar a estimulação mais apropriada a seguir em cada momento.

No dia em que se realiza a avaliação, o bebê deve encontrar-se num estado que permita a sua participação ativa e alerta, que não tenha fome nem sono. Para o efeito, recomendam-se as fichas de controle rápido do desenvolvimento motor aquático (Anexos), as quais devem ser aplicadas por especialistas capacitados para o seu manejo. Com elas, exploram-se as quatro áreas básicas do desenvolvimento aquático: *motora fina*, *motora grossa*, *social* e *linguagem*.

Ademais, a guia de controle permite a avaliação do desenvolvimento do bebê por cada mês de idade, até os doze meses, já que, nessa primeira etapa, as trocas são muito relevantes. Recomenda-se que o seguimento seja mensal, já que é conveniente que as atividades de estimulação sejam sequenciadas. A avaliação se inicia de acordo com a idade cronológica do menor e se alguma das condutas não são realizadas, avaliam-se as que fazem referência ao mês anterior, já que o desenvolvimento não decorre forçosamente de acordo com a idade cronológica. Esta observação deve ser realizada enquanto os bebês jogam na aula, evitando retirá-los do contexto para sua análise, pois isso poderia distorcer a validade.

3.4.1 Fases da estimulação

Quando se desenha um programa de atividades, não se deve pensar que cada fase é uma coisa estanque e imutável. Na realidade, elas se complementam ou se integram e estão organizadas do seguinte modo (Quadro 3.1):

- Familiarização na banheira.
- Tonificação muscular.
- Equilíbrios.
- Imersões.
- Saltos.
- Deslocamentos autônomos básicos.

Quadro 3.1 – Fases do programa aquático de zero a doze meses

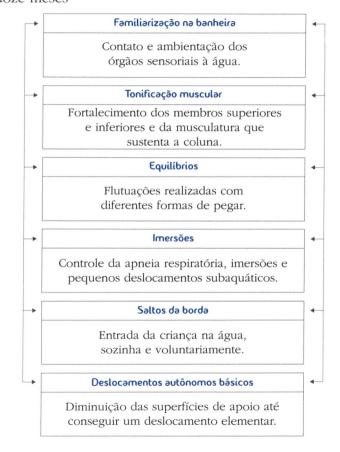

Para que as distintas fases se desenvolvam atendendo a avaliação do bebê, é preciso cuidar da parte pedagógica da intervenção. Desse modo, a pergunta que nos surge de imediato é se, de fato, fará sentido uma aprendizagem condicionada em crianças com essa idade.

Os defensores desse método de aprendizagem aquática sustentam uma visão utilitária do ensino, na qual, a curto prazo, garantem uma aprendizagem aquática e, por isso, total adaptação ao meio.

No caso da respiração, por exemplo, os mecanismos mais utilizados são velhas técnicas fundamentadas em aprendizagens passivas como, a imersão: "1, 2 e 3, seguido de imersão" ou "expirar e parar embaixo da água" etc. Fundamentam-se numa aprendizagem condutista, em que o estímulo da imersão provoca uma resposta reflexa (involuntária), que deve ser recompensada e, inevitavelmente, reforçada periodicamente para que não se perca. Os seguidores desse modelo, inclusive, indicam que apenas três imersões instantâneas em cada aula, a um ritmo de duas vezes por semana, são suficientes para que a criança incorpore o controle adaptativo das alternâncias água/ar. Na utilização dessas técnicas, o bebê fica como um objeto manipulado, que é exposto a um condicionamento em que continuamente necessitará de um reforço externo. O problema, no entanto, surge quando este reforço desaparece.

A outra escola defende que a aprendizagem significativa concretiza-se quando o praticante tem a oportunidade de interagir, de explorar e de experimentar, com a segurança emocional que os outros lhe proporcionam, dentro de um espaço agradável, confortável e estimulante, respeitando suas necessidades e inquietações (Moreno e De Paula, 2005). Nesse sentido, pretende-se que a iniciativa seja tomada pelo bebê, pois ele é capaz de recordar tudo o que é psicologicamente significativo. Dessa forma, serão capazes de integrar suas ações em padrões de movimento cada vez mais complexos, na medida em que o desenvolvimento biológico e emocional os acompanha.

Assim, sabendo que determinadas condutas aquáticas são rapidamente assimiladas pelos menores, é aconselhável que essa aprendizagem se produza partindo da iniciativa do bebê, pois essa informação será retida durante mais tempo. Por esse motivo, prefere-se começar a adaptação por um modelo educativo, gerando um ambiente adequado para uma ótima estimulação e, posteriormente, acomodação, sendo possível utilizar o condicionamento como variante na aprendizagem. No entanto, não se considera essa abordagem exclusiva, podendo recorrer a um modelo mais condutista quando a situação o exija (Moreno, 2002). Sem margem para dúvidas, para finalizar qualquer trabalho relacionado com a adaptação ao meio aquático, são fundamentais as fases apresentadas a seguir.

3.4.2 Fase de familiarização na banheira

Na fase sensório-motora, a criança reforça sua relação com o mundo exterior, começa a sentir o calor dos seios da mãe e a segurança que ela transmite. Nesta fase, a forma de comunicação do bebê é o choro. Começa a sentir prazer pela água e percebe as mudanças de temperatura.

Os primeiros banhos são muito importantes para a adaptação do bebê ao meio líquido e já se pode considerar como o início do trabalho das atividades aquáticas. O modo como os pais molharam o rosto ou transferiram calor aos seus filhos, orientarão futuros trabalhos de aprendizagem nas atividades aquáticas. Esses banhos devem ser realizados em ambientes agradáveis e sem muitas interferências para não distrair a atenção da criança para outros estímulos (Fontanelli, 1990).

A banheira deve ter bastante água para evitar o esfriamento da pele do bebê. Os brinquedos e a música contribuem para que a criança se sinta mais segura. É aconselhável molhar a cabeça gradualmente; convém, também, estimulá-la movendo suas mãos e braços, salpicando, "sem querer", com água o seu rosto e modificando as posições dentro da banheira, em decúbito dorsal, sentado e ventral.

É possível manejar o bebê, deslizando-o para frente e para trás, deixando que toque a água com o rosto, que prove seu sabor, tudo com movimentos suaves para que ele não se assuste e se sinta seguro.

As atividades não devem ser prolongadas demais para que ele não se canse nem se sature. A estimulação na banheira deve fomentar, sobretudo, o prazer de estar na água.

3.4.3 Fase de familiarização na piscina

Dos três aos oito meses, o bebê começa a sentir o medo externo. Chora quando deseja sentir o calor de sua mãe, saciar a fome ou, ainda, quando não quer estar sozinho no berço. Este é o melhor período para iniciar o bebê na prática aquática, pois sua imunidade já está mais desenvolvida e o ciclo de vacinas, praticamente completo.

Ao iniciar o trabalho de estimulação aquática, deve-se respeitar a fase de adaptação e de conhecimento do bebê. O ideal seria passear com ele na piscina, para que se familiarize com o lugar, com o educador e com os outros bebês. As presenças de banheiras em volta da piscina podem servir para estimular a entrada do bebê na água.

O acompanhante deve caminhar pela piscina, para que o bebê reconheça o lugar. Deve-se respeitar os desejos da criança, para que esta se sinta segura e, assim, descubra, por si mesma, até onde deseja chegar. Esse é um momento delicado e qualquer imposição pode causar uma frustração no bebê. Cada bebê é um indivíduo independente e, por isso, cada um tem seus gostos pessoais e necessita de um determinado tempo pedagógico.

Dos oito aos doze meses, os brinquedos se relacionam facilmente com o jogo; o que antes era apenas atrativo para a atenção dos bebês passa a ser divertido e recobra sentido, sendo mais fácil integrá-los nas atividades.

Partindo desse princípio, as aulas começam com a fase da familiarização, no espaço fora da piscina, permitindo que o bebê manipule seus brinquedos colocados em pequenas banheiras ou bacias de água, deixando que se molhe ou que o molhem pouco a pouco, para que se acostume à temperatura da água e sinta o prazer em brincar com ela. Nessa fase, também é importante manter a temperatura da água da banheira próxima à da água da piscina, para que a criança não a estranhe muito e se sinta confortável.

As atividades na piscina devem partir de movimentos suaves, pequenos deslizamentos e saltinhos, e o acompanhante deve falar com o bebê, transmitindo-lhe muita segurança. A música e a dança com o bebê podem ser bons recursos nessa fase.

3.4.4 Tonificação muscular

A regulação tônico-postural é o conjunto de aquisições que permitirão ao bebê ter um melhor domínio e, consequentemente, maior conhecimento de seu corpo. Por esse motivo, a regulação tônico-postural estará presente de forma sistemática em todas as fases do desenvolvimento evolutivo do ser humano. Para conseguir essa situação, o educador terá de buscar atividades que estimulem um bom tônus muscular, o que permitirá uma autoadaptação do bebê a cada instante, mediante as reações de reequilíbrio, dando lugar à postura. Assim, uma correta postura está diretamente relacionada com o tônus, constituindo uma unidade tônico-postural, cujo controle facilita a possibilidade de canalizar a energia tônica necessária para realizar os gestos, prolongar a ação ou levar o corpo a uma determinada posição.

Neste sentido, Pérez (1998, p. 7) afirma que:

A segurança emocional dependerá da experimentação motriz. O tônus é o critério energético da personalidade, e permitirá estabelecer os vínculos com o envolvimento família e docente, com seus padrões característicos e diferenciados. Estes padrões vinculares reajustam-se ao longo de sua vida.[3]

A estimulação aquática tem como objetivo não só a familiarização do bebê com a água, como também promover a tonificação muscular para um melhor desenvolvimento corporal, e isso pode ser proporcionado pelos estímulos provocados na presença dos brinquedos. Quando o bebê é estimulado, por exemplo, a agarrar um brinquedo, o próprio movimento natural faz que todo seu corpo se mova, desenvolvendo, dessa forma, a tonicidade. É importante realçar que em nenhum momento se deve forçar o bebê a mover-se, como para agarrar-lhe pelas pernas e fazer que as mova, já que esse é um estímulo passivo, que não promove a aquisição do comportamento etc. O bebê sabe mover-se, só é necessário estimulá-lo para que execute o movimento, levando-o, por exemplo, a agarrar um brinquedo, a estirar-se para buscar algo, a dançar com seu acompanhante ou a fazer o "cavalinho".

Deve-se ter especial cuidado na forma de agarrar o bebê ou na forma de sustentá-lo nos flutuadores espaguete, para não prejudicar a formação de sua coluna vertebral. Durante o primeiro ano de vida, por exemplo, trabalha-se muito mais com o bebê em uma posição vertical ou diagonal, porque na posição horizontal, em razão do reflexo de endireitamento (reflexo de defesa), a criança é obrigada a arquear-se para não meter a cabeça dentro da água, provocando uma curvatura forçada da coluna (hipertensão lombar e cervical).

---

[3] "De la seguridad emocional dependerá la experimentación motriz. El tono, desde el criterio energético de la personalidad, establecerá los vínculos con el entorno, familia y docente, con sus roles característicos y diferenciados. Estos patrones vinculares se reeditarán luego, a lo largo de su vida."

3.4.5 Equilíbrios

O equilíbrio possibilita a execução de distintas posturas hidrodinâmicas. Dada a instabilidade do meio aquático, esse equilíbrio será sempre dinâmico, o que implicará ajustes contínuos. A capacidade de equilibrar-se na água responde aos estímulos visuais, tátil-sinestésicos e labirínticos. Os elementos e as situações de exploração que deles advêm, devem permitir a gradual modificação da intensidade dos estímulos específicos (visual, proprioceptivo e labiríntico). Em razão da idade com a qual se trabalha neste texto, recomenda-se experimentar, em primeiro lugar, situações de equilíbrio em que o corpo possa girar sobre o eixo longitudinal para posteriormente incorporar a rotação do eixo transversal.

Para trabalhar o equilíbrio, deve-se utilizar poucos apoios, em situações em que se deve, por exemplo, sustentar o bebê com dois flutuadores espaguete. Tal ação provocará um desequilíbrio e a criança tentará descobrir que, movendo a perna do lado que está em desequilíbrio, será possível recuperar o equilíbrio inicial; também pode se sustentar com um flutuador espaguete para que, além de ter autonomia na água, ela aprenda a equilibrar-se; assim, pode-se utilizar as diversas formas de colchonetes para que o bebê engatinhe ou ande sobre eles na água. Outra atividade pode ser o *jogo do cavalinho*: um flutuador em forma de cavalinho, ou simplesmente um flutuador espaguete, colocado entre as pernas, sobre o qual a criança, sentada, pode mover os pés; o bebê, com o apoio do acompanhante, tentará equilibrar-se nele.

Os giros são formas de desequilíbrios, ou seja, são movimentos utilizados para passar do desequilíbrio ao equilíbrio. Pode-se girar o bebê ao redor do acompanhante ou sobre seu eixo num colchonete; dançando com o bebê, é possível girar sobre seu eixo vertical.

As flutuações também são formas de equilíbrio que estão diretamente relacionadas com a respiração, a confiança e o relaxamento do bebê. Pode-se, por exemplo, apoiar sua cabeça e fazer que ele flutue de costas (será mais fácil conseguir que o bebê realize esta atividade se o acompanhante falar ou cantar com ele, para que consiga relaxar e respirar normalmente).

3.4.6 Imersões

A imersão é considerada uma atividade indispensável no processo de desenvolvimento e na adaptação ao meio aquático, pois seu domínio requer uma correta adaptação da respiração, já que os dois processos (imersão e respiração) estão associados na adaptação ao meio aquático.

Resumindo o trabalho de Pérez e Moreno (2007), a respiração implica dois processos: um mecânico (entrada e saída de ar dos pulmões) e outro químico (trocas gasosas nos diversos tecidos).

No ensino das atividades aquáticas incide, predominantemente, o processo mecânico, visto que o praticante atuará diretamente sobre a modificação do ritmo e do volume da ventilação pulmonar. A respiração é um delicado e sutil processo desenvolvido por meio de múltiplos mecanismos de ventilação, trocas gasosas, transporte de gases, controle da ventilação entre outros (Jefferies e Turley, 2000).

Para o ensino da respiração, há de se considerar que a comida ou os líquidos ingeridos não entram nas vias respiratórias, pois o ser humano dispõe de um mecanismo reflexo de fechá-las, ou seja, elevando-se o paladar brando, comprimindo a faringe e elevando a laringe contra a epiglote, fecham-se as vias inferiores para os pulmões; assim, os alimentos e líquidos deslizam diretamente do esôfago para o estômago. É válido realçar que este mecanismo reflexo acompanha a pessoa durante toda a vida, e sua manutenção é fundamental na coordenação respiratória no meio aquático, uma vez que o ser humano dispõe do controle voluntário da respiração no meio aquático (Escolá, 1989).

Nesse sentido, Pérez e Moreno (2007) estabeleceram um padrão respiratório no meio aquático: hiperventilação inicial com apneia subsequente, expulsão do ar e hiperventilação.

Antes do início de uma atividade muscular, produz-se como resposta condicionada antecipatória uma inspiração profunda, na qual o participante deve inspirar e encher os pulmões com a quantidade de ar de que necessitará para realizar a primeira parte da atividade. As diferentes execuções irão aproximá-lo de sua necessidade real. Conforme o aluno vai se adaptando à situação, o volume inspiratório inicial se aproxima da ventilação mais adequada. Fato possível, já que está ainda seguro na borda, momento no qual sua ansiedade é controlável. Após a inspiração profunda inicial e a apneia subsequente, produz-se uma potente expulsão do ar. O ritmo normal respiratório altera profundamente a apneia durante o exercício. Se a distância a percorrer for grande, torna-se necessário realizar uma nova e profunda inspiração sobre parte do ar retido. Assim, aumentará a sensação de afogamento e, novamente, será reiniciado o ciclo, autoalimentando a ansiedade em proporção à distância requerida.

A modificação da ventilação por realização de um esforço aumenta rapidamente, assim como a frequência das trocas, com o fluxo sanguíneo. No entanto, deve-se eliminar sempre o ar, fazendo uma inspiração profunda. Se o tempo de esforço é prolongado, observam-se certos desconforto, tensão, angústia e, em alguns casos, o abandono da atividade. Assim, repetir este padrão é promover a insatisfação.

A entrada de O_2 se realiza, em aproximadamente, 14 centésimos de segundo, e a do CO_2 é dez vezes mais rápida, confirmando a inutilidade da retenção da respiração (Escolá, 1989). Para evitá-lo, deve-se adaptar diferentes estratégias educativas e respeitar o ritmo de adaptabilidade pessoal dos alunos.

É importante salientar que, no caso da aprendizagem da respiração aquática, o aluno tem o ar como resposta defensiva reflexa e de origem emocional. Como comprovativo há a modificação deste padrão ao solicitar o mesmo trabalho respiratório da zona não profunda, em zona pouco profunda (Pérez e Moreno, 2007).

Nas atividades aquáticas o ritmo respiratório normal mantém uma cadência, expirando o ar quase completamente, em três segundos (Berhman, Vaughan e Nelson, 1985). Por isso, em um segundo, podem ocorrer duas coisas: antes de uma nova inspiração, o aluno pode não concretizar a troca gasosa desejada por manter grande parte de seus pulmões ocupados, sentindo-se, assim, afogado pela quantidade de ar retido, o que

o obriga a ficar mais tempo com a cabeça fora d'água para poder expirar o ar todo e só depois inspirar.

Para isso, inserirá entre os movimentos propulsores períodos de motricidade reflexa, permitindo-lhe manter a cabeça em elevação forçada. Os bruscos empurrões descendentes, alternando os braços que, por seus reflexos equilibratórios, ficam totalmente fora do plano da consciência, por serem ações reflexas, ou seja, movimentos involuntários. Esses empurrões são sintomas de má ventilação e desaparecerão sem se propor a aquisição de um adequado padrão respiratório. Não deve ser uma preocupação dos docentes a correção de movimentos técnicos antes de o aluno dominar solidamente a mecânica respiratória (Pérez, 2006a).

Em relação à inspiração, não há motivos para preocupação, pois o bebê sempre irá realizá-la por ser um reflexo de defesa do organismo. Por mais que se mantenha voluntariamente a apneia, a renovação do ar será induzida pela informação enviada por meio dos receptores sanguíneos e articulares. Isso significa que a inspiração na água, neste caso limite, é ativa e de origem vegetativa. Não está baixo o controle da vontade da pessoa.

Para poder chegar a padrões respiratórios econômicos (respiração voluntária), é necessário organizar estratégias educativas que permitam aos alunos construir suas aprendizagens funcionais de forma consciente, podendo posteriormente utilizá-los de forma livre em suas aprendizagens técnicas. Para isso, considera-se necessário que os bebês construam a consciência respiratória, a mecânica respiratória e a técnica respiratória (Pérez, 2006b).

Para trabalhar a respiração, sugerem-se atividades em que o bebê tenha que molhar a cabeça, em que tenha a água ao nível das vias respiratórias e que passe por debaixo de objetos, em busca das situações de apneia. Por exemplo: jogar ao ascensor que baixa e sobe, passar por debaixo da ponte etc.

Para ensinar o controle respiratório, sugerem-se atividades que ajudem a dominar o controle volumétrico necessário para nadar e, com ele, despertar a consciência respiratória, com atividades como soprar globos, fazer borbulhas, nadar e ir soprando para empurrar a bolinha etc.

Essas atividades, no entanto, não devem ser aplicadas de forma brusca. Devem começar pouco a pouco e ir aumentando o grau de complexidade à medida em que o bebê estiver preparado para isso, até que esteja consciente da respiração. Após a aquisição da consciência respiratória, deve-se passar progressivamente à fase da mecânica respiratória, que consistirá na coordenação entre o ar inspirado e o volume expirado, originando o ritmo respiratório. Para a consecução deste ritmo e sabendo que a criança tem maior frequência respiratória quando menor, deve-se evitar os mergulhos de longas distâncias durante os primeiros anos de vida. Posteriormente (por volta dos 4/5 anos), a possibilidade de dar continuidade à ação no meio aquático permite melhorar a mecânica respiratória. A progressão deveria ir, logicamente, da parte pouco profunda à parte profunda, o que permitirá, no futuro, abordar a aquisição da técnica respiratória, coisa que não é objeto desta proposta.

É importante recordar que as imersões deverão ser realizadas por pessoas com formação e com experiência. Os acompanhantes e as babás, para que possam realizá-las com total segurança, só poderão realizar as imersões depois de participarem das aulas de atividades aquáticas para bebês.

Em razão da importância da imersão na adaptação aquática, seguem alguns exemplos concretos de situações passivas (em que o bebê é manipulado pelo educador/acompanhante) e ativas (em que se pretende que a ação seja iniciada pelo bebê), recomendando a utilização de situações da aprendizagem mais ativas possíveis.

Estimulações passivas

Com o bebê em posição ventral, realizar uma pequena imersão.

Proposta metodológica de estimulação aquática • 75

Com o bebê em decúbito ventral, permitir que ele toque a água com o rosto.

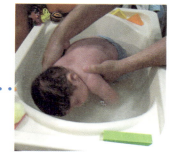

Deixar cair a água de um recipiente sobre a cabeça/rosto do bebê. À terceira tentativa ou situação, ao mesmo tempo, submergir o bebê.

Molhar a cabeça do bebê ao mesmo tempo em que a introduz na água.

Com o bebê junto ao corpo do acompanhante, realizar uma imersão.

Com o bebê apoiado nos ombros do acompanhante, caminhando pela piscina, realizar pequenas imersões.

Permitir uma imersão após descer por um escorregador.

Segurar o bebê pela cintura e cantar uma canção, realizar uma imersão e, ao subir, seguir cantando a canção sem alterar a expressão ou o tom da voz para que não o assuste.

Passar o bebê, do professor para o acompanhante, por baixo da água.

Com o acompanhante e o bebê presos juntos, em um flutuador espaguete, manusear a bola, afundando-a, com o bebê, até a altura dos olhos, também para que ele a agarre.

Passar por dentro do buraco do colchonete mergulhando com o bebê.

Mergulhar, com o bebê nas costas do acompanhante.

Proposta metodológica de estimulação aquática • 79

Passar por cima e por baixo da ponte.

Estimulações ativas

Deixar o bebê brincar com a ducha ou o chuveiro, permitindo que ele se molhe sozinho.

Com o bebê sentado na borda da piscina, estimular que ele entre na água, que afunde e vá ao acompanhante em imersão.

Com a criança sentada na mão do educador, deixar que ela se dirija até o acompanhante, que deve incentivá-la.

Com o bebê apoiado num flutuador espaguete, auxiliado pelo acompanhante, permitir que se mova livremente e que prove a água, para sentir seu sabor e sua temperatura, sempre que quiser.

Jogar o avião. Apoiando o bebê sobre o braço do acompanhante, realizar um giro, imitando um avião. No final do movimento, dependendo do desenvolvimento da criança, pode-se fazer uma imersão.

Bebê sentado na escadinha ou escada de obra, dirigindo-se ao educador ou ao acompanhante, põe-se de pé e lança-se.

De cima do colchonete, ele deve buscar um objeto na água.

Entrar andando na água, desde a borda da piscina.

Proposta metodológica de estimulação aquática • 83

Entrar pelas escadas.

Apanhar/alcançar/buscar objetos debaixo d'água.

Com a boca, o bebê deve agarrar objetos dentro de um recipiente.

Jogar-se e saltar, como um cavalo ou uma pulga, na piscina pouco profunda.

Com a ajuda de um material de flutuação, permitir que o bebê se mova livremente.

Passar por debaixo do túnel com a ajuda do acompanhante, que o segurará pelas axilas.

Manusear a ducha, com um regador, imitando uma ducha de verdade.

Saltos

Saltar é uma habilidade que pode ser iniciada a partir de uma posição inerte ou em movimento, tomando impulso com uma ou ambas as pernas para despregar o corpo do chão e que seja em altura, em longitude ou ambos, concluir com uma queda, que pode ocorrer no chão ou na água.

Os primeiros indícios de superação de obstáculos no meio terrestre aparecem aproximadamente aos dezoito meses (Wickstrom, 1990), mas, a partir do momento em que a criança é capaz de manter-se de pé com ajuda, recomenda-se a utilização desta ajuda para entrar no meio aquático. As variações dos saltos serão determinadas pelo tipo de piscina, pelo material, pelas posições e pelos movimentos do próprio corpo.

Em primeiro lugar, com o bebê sentado na borda, começar estimulando-o para que se impulsione, gerando a situação em que queira lançar-se à água. Posteriormente, com o apoio do acompanhante na cintura, estimular o bebê para que este queira lançar-se; desse apoio, passa-se ao apoio das mãos, em que se dá a mão ao bebê para se lançar à água. E, por fim, quando o bebê já é capaz de caminhar, deve-se estimulá-lo para que venha andando e entre na água, saltando de forma autônoma. Este estímulo, especialmente, é reforçado e complementado pela voz do acompanhante, que incentiva o bebê ou mostra-lhe algo que esteja na piscina.

Deslocamentos autônomos básicos

As aquisições de todas as habilidades motrizes aquáticas dão lugar para que, pouco a pouco, possam ser combinadas, graças à faculdade de coordenação do ser humano, adquirida pela prática e pelo contínuo processo de maturação do sistema nervoso. Quando uma tarefa aquática é executada de forma precisa, manifesta-se uma boa coordenação entre diversos grupos musculares e, por sua vez, uma graduação adequada da magnitude da força que se exibe a cada um dos grupos. Essas considerações nos levam a falar da denominada *coordenação motriz*, que é muito importante entre as qualidades que o indivíduo deve possuir para a realização de tarefas aquáticas.

Para que o deslocamento se converta em uma harmoniosa cadeia cinética, é preciso que esses movimentos tenham uma cadência rítmica difícil de conseguir no bebê. A realização de um deslocamento autônomo (coordenação corporal) se deve ao desenvolvimento das estruturas perceptivas e a uma boa aquisição dos diferentes padrões e habilidades motrizes (terrestres e aquáticas), pois os primeiros deslocamentos autônomos básicos no bebê dependem, especialmente, de seu nível de desenvolvimento.

Assim, os primeiros deslocamentos autônomos pressupõem a realização de ações integradas de forma global. A concretização desse tipo de coordenação virá pelas diferentes formas de deslocamento, em conjunção com parâmetros especiais e temporais de ação, que supõem, sobretudo, movimentos globais e naturais. Dentro desses movimentos, é possível incluir os giros, os deslizamentos, os transportes etc.

Os primeiros deslocamentos do bebê até um ano de idade são produzidos, basicamente, por ações reflexas, as quais o induziram a mover-se e o farão capaz de deslocar-se e fazer pequenos giros.

Quando um bebê quer um brinquedo, é capaz de deslocar-se até este por seus impulsos (reflexos natatórios). Por exemplo: quando se sustenta com um, dois ou três flutuadores espaguete, ou com o apoio do acompanhante (seja pela cintura ou pelas axilas), o bebê se desloca na direção desejada. Em cima do colchonete o bebê é capaz de, por meio também de uma ação reflexa, arrastar-se sobre ele, alcançando o objeto. O que se percebe com o passar do tempo é que quanto maior a autonomia mais capacidades adquire em seus deslocamentos e giros. Quando está sustentado por um flutuador espaguete e quer mudar de direção por qualquer motivo, simplesmente dá a volta e segue seu caminho.

4) PROPOSTA PRÁTICA DE ESTIMULAÇÃO AQUÁTICA

4.1 ATIVIDADES DE ESTIMULAÇÃO (DE ZERO A TRÊS MESES)

A proposta de estimulação que se apresenta está dividida em quatro fases: de zero a três meses, de três a seis meses, de seis a nove meses e de nove a doze meses. O que se apresenta são exemplos das possibilidades que o meio aquático oferece para a estimulação, considerando que muitas delas podem ser aplicadas nas seguintes fases.

4.1.1 Familiarização na banheira (de zero a três meses)

Molhando só os pés, deslizar o bebê para frente e para trás, introduzindo-o lentamente na banheira em posição dorsal.

Com o bebê deitado na banheira, deslizar seu corpo para frente e para trás. É importante segurar o bebê pelas axilas.

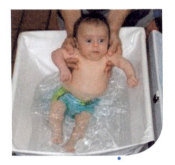

Com uma mão debaixo da nuca do bebê, em decúbito dorsal, e depois em decúbito ventral, deslizá-lo para frente e para trás.

Com a mão na cabeça do bebê, ou segurando-o, pelas axilas, com ele deitado em supino, permitir que o bebê flutue.

Com a mão, molhar a cabeça do bebê pouco a pouco, deixando que a água caía desde a testa até os olhos.

Proposta prática de estimulação aquática • 91

Com o bebê na posição ventral, apoiado pelo tronco na altura do peito, estimulá-lo com objetos de cores fortes ou que emitam som, para que ele tente pegá-los.

Com o bebê em posição dorsal e a cabeça apoiada numa das mãos do acompanhante, estimulá-lo, utilizando-se da outra mão, com um brinquedo que emita som.

Com o bebê na posição dorsal, apoiado com uma mão na cabeça, flutuando, deslizá-lo para trás e para frente, até que empurre a banheira com os pés.

Apoiar o bebê num plano inclinado, para que ele possa desfrutar da água, sozinho. Os pais deverão estimulá-lo com objetos ou com o som da própria voz.

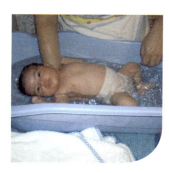 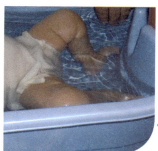

Em posição dorsal, apoiando o bebê pela cabeça e prendendo seus pés, deslizá-lo na água, para frente e para trás.

Brincar com as vocalizações para que o bebê as imite. Por exemplo: se o bebê estiver fazendo o som *aaaa*, deverá repetir-lhe o mesmo som, pondo-se diante dele e exagerando um pouco a vocalização.

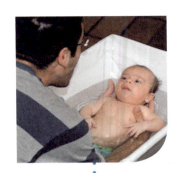

Com o bebê apoiado na mão dos pais, oferecer brinquedos de um lado e de outro do rosto do bebê, de modo que ele gire a cabeça.

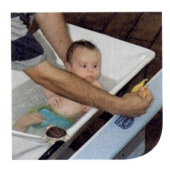

Com o bebê quase sentado na banheira, pôr diversos tipos de brinquedos com diferentes formas para que ele possa interagir com eles.

Balançar o bebê desde a posição sentado ou quase sentado, apoiando-o pelas costas e entre as pernas.

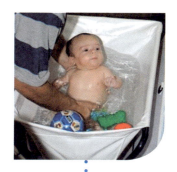

Com o bebê apoiado no braço do acompanhante, salpicar água no corpo/e no rosto dele.

Durante o banho, passar a mão ou um objeto sobre o corpo do bebê, dizendo o nome dessa parte, de modo que o bebê a ouça.

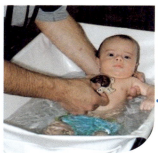

Acariciar o corpo do bebê, fazendo círculos grandes e pequenos, provocando cócegas, para estimular os movimentos de todo o corpo.

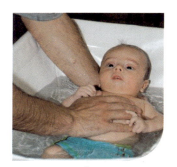

Com o bebê apoiado no braço, molhar seu corpo com um regador ou uma vasilha pequena.

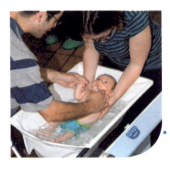

Segurar os braços do bebê, abri-los e fechá-los, e, depois, fazer círculos pequenos com eles.

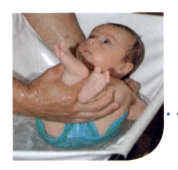

Segurar o bebê pelos pés, pela nuca ou pelas costas, fazendo flexões dos quadris.

Com o bebê sentado na banheira, deixar cair água da cabeça até as costas.

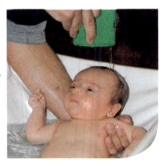

Flexionar e estender os pés do bebê.

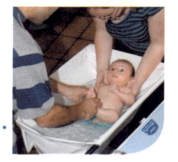

Realizar movimentos de patada (como chutes) com os pés do bebê.

Com uma sustentação debaixo do corpo do bebê, permitir que ele flutue sem a ajuda de um adulto.

Segurando o bebê pelas axilas, estimular um giro em torno de sua linha central longitudinal (eixo longitudinal).

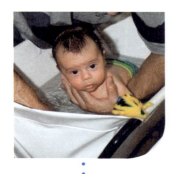

Pôr objetos na banheira que chamem a atenção do bebê, para que se mova em direção a eles.

Por o bebê apoiado na banheira para molhá-lo da cabeça aos pés.

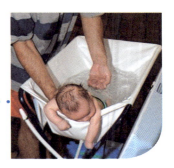

Com o bebê apoiado pelas costas e entre as pernas, elevar o corpo dele e voltar, deixando-o na água.

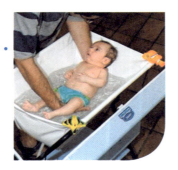

Fazer movimentos para o bebê imitar, como golpear a água com a mão, de modo que ele possa fazê-lo também.

Proposta prática de estimulação aquática • 97

Com o bebê sentado na banheira, falar com ele sobre a água, as coisas que estão à sua volta, cantar para ele etc.

Durante o banho, tocar a planta do pé do bebê, estimulando a preensão plantar e o movimento de patada com os pés.

Pôr o bebê em diversas posições na água, de forma que ele possa vivenciá-las.

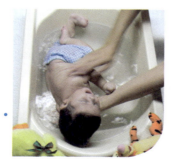

Permitir que o bebê dê patadas (chutes), estando na posição ventral durante o banho.

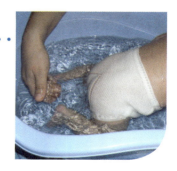

Apoiando a cabeça do bebê na mão do acompanhante, permitir que ele aprecie a água e possa vivenciar a flutuação dorsal.

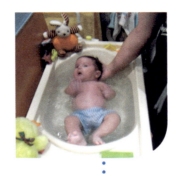

Brincar com o bebê, deslizando seus pés pela água como se andasse, estimulando o movimento da caminhada.

4.1.2 Estimulação dos reflexos (três meses de idade)

Estas estimulações já podem ser realizadas na piscina em condições ótimas.

Moro

Colocar o bebê apoiado sobre o peito (caixa torácica) em posição dorsal.

Deslizá-lo para frente e para trás, apoiado pela cabeça em posição dorsal.

Proposta prática de estimulação aquática • 99

Palpebral

Deixar cair gotas de água no rosto do bebê, com a intenção de que ele feche e abra os olhos.

Busca

Estimular o bebê, por meio da voz do acompanhante, a buscar a direção da qual vem o som.

Preensão

De igual forma, estimá-lo a buscar pelo som que faz um brinquedo.

Tônico-cervical-assimétrico ou do esgrimista

Com as costas do bebê apoiada numa mão, elevar sua cabeça e estirar as pernas, a fim de manter a cabeça levantada para favorecer a manutenção das vias respiratórias fora da água na posição dorsal.

Passear com o bebê, em decúbito ventral, apoiado no braço.

Natatório

Segurando-o pelas axilas, colocar o bebê em posição prono sobre uma superfície flutuante.

Em posição dorsal e com o apoio do acompanhante, buscar o reflexo natatório, permitindo que o bebê mova os pés.

Endireitamento

Na banheira, em posição ventral, estimulá-lo a fazer ondas com a água, dos pés ao tronco.

Colocar o bebê em posição prono, apoiado num tapete ou numa pessoa, de modo que, com o descanso do pulso, faça um alinhamento do corpo.

Preensão

Colocar objetos ao lado do bebê para estimulá-lo a tentar pegá-los.

Prensa palmar

Estimular situações em que o bebê feche os dedos da mão e "prenda" o dedo do acompanhante.

Preensão plantar

Soprar na planta dos pés do bebê para que se produza a flexão do dedo do pé e da parte da frente do pé.

Apneia

Molhar a cara do bebê com água de um regador, para estimular o fechamento da glote.

Sucção e deglutição

Alimentar o bebê com a mamadeira ou com o peito, procurando que ele sugue e engula.

Tônico-assimétrico do pescoço

Procurar situações em que o pé esquerdo se estenda quando o bebê olhar para o lado esquerdo, enquanto o pé e o braço direitos são flexionados para dentro, e vice-versa.

Uma situação, por exemplo, é apoiar o bebê com uma mão na nuca e a outra nas costas.

4.1.3 Formas de segurar o bebê

Apresentam-se algumas das principais formas de segurar o bebê, que também podem ser usadas ao longo dos meses.

Se o bebê é muito pequeno, os pais ou o acompanhante devem abraçá-lo de forma mais habitual, junto ao seu corpo, dando, ao mesmo tempo, liberdade de movimento e evitando prender as suas pernas.

Segurar o bebê pelas axilas, sem apertar, olhando seu rosto, ou de costas, fazendo-o sentir que aquilo que está fazendo é agradável para os dois.

Segurar o bebê, abraçando-o lateralmente ou de costas, com um braço por debaixo da axila.

Segurar o bebê pela cintura, olhando-o de frente ou de costas.

Segurar o bebê pela cintura com uma mão e com a outra colocada no glúteo.

4.1.4 Como utilizar o material auxiliar

Segurar o bebê entre os antebraços do acompanhante.

Com três flutuadores espaguete em forma de triângulo.

Segurar com um braço, com o polegar e o indicador e por baixo da axila, dando liberdade de movimento ao bebê.

Com dois flutuadores espaguete em forma de barco.

O bebê com um único flutuador espaguete pode ficar sozinho ou apoiado por um adulto.

Com um único flutuador espaguete, prendendo o acompanhante e o bebê ao mesmo tempo.

Apoiado sobre dois flutuadores espaguete, um nas axilas e outro na cadeira em posição vertical e/ou horizontal, sozinho ou acompanhado.

4.1.5 Atividades para estimular o bebê antes de entrar na água

De forma semelhante do proposto para as técnicas de segurar o bebê, todos os exercícios que se propõem para entrar na água nesta etapa também são extensíveis às etapas restantes.

Sentados na borda da piscina, irão molhar-se conjuntamente, pouco a pouco, desde os pés até o peito.

Sentados na borda, o acompanhante deverá oferecer a piscina ao bebê, mostrando os brinquedos que estão dentro da água.

Sentado no tapete com o bebê, o acompanhante deve jogar água nele, pouco a pouco, com um regador, bonecos ou outros brinquedos que permitam molhar o bebê.

Sentar o bebê na bacia com água e vários brinquedos dentro; molhá-lo aos poucos.

4.1.6 Formas de entrar na água

As formas que se apresentam podem generalizar-se durante o primeiro ano de vida.

Se o bebê não pode entrar andando, é necessário entrar na água com ele nos braços e ir descendo os degraus, pouco a pouco, enquanto se molha o bebê.

Molhar o bebê e seu acompanhante com a ducha antes de entrar na piscina, deixando que o bebê brinque com a água.

Se o bebê pode andar, deve-se entrar andando com ele.

Brincar com o bebê sentado no primeiro degrau e ir descendo pouco a pouco.

4.2 ATIVIDADES DE ESTIMULAÇÃO (DE TRÊS A SEIS MESES)

Deslizar o bebê na água na posição vertical, para frente, para trás e para os lados.

Com o bebê sentado na borda da piscina, incentivar que ele entre na água.

Contato de gotas d'água por cima da cabeça, quando entrar na piscina.

Com um regador, tentar molhar o bebê, sempre no sentido de trás para frente.

Por meio de algum jogo, incentivar o bebê a pegar um brinquedo.

Incentivar o bebê para que dê golpes na água com o material disponível.

Elevar o bebê, segurando-o com suavidade e introduzindo-o suavemente na água.

Realizar pequenas elevações (saltinhos) na água, segurando o bebê pelas axilas de frente ou de costas.

Apoiar a mão nas costas do bebê, para passear em direção à cabeça (para trás), falando com ele ou cantando.

Segurar o bebê pela cintura e brincar com o cavalinho.

Deitado na posição ventral, num tapete flutuante, estimular o bebê a agarrar a mão do acompanhante.

Proposta prática de estimulação aquática • 111

Em posição dorsal, segurar o bebê pelas axilas, realizando um passeio para trás, sem afundar a cabeça; falar ou cantar com a criança.

Com o bebê deitado num tapete flutuante, elevá-lo à posição sentado, puxando-o lentamente pelos antebraços. Da mesma forma, deitá-lo suavemente.

Apoiar a cabeça do bebê sobre o ombro de seu acompanhante, sem segurá-lo, e mover um brinquedo à sua frente, para que tente olhar ou agarrar.

Segurar o bebê pelos glúteos, para que realize uma flutuação dorsal.

112 • Estimulação aquática para bebês

Amamentar o bebê na posição vertical ou horizontal.

Sentado no lava-pés da piscina, molhar o bebê antes de entrar na água e deixar que brinque com o que tiver em volta.

Com a água pelos ombros, caminhar pela piscina para que o bebê conheça o lugar no qual vai brincar.

Incentivar o bebê a brincar com suas mãos, batendo com elas na água.

Incentivar o bebê a brincar com os brinquedos que estão na piscina.

Proposta prática de estimulação aquática • 113

Sobre um tapete flutuante, incentivar o bebê a experimentar diferentes equilíbrios.

Estimular, chamando o bebê, para que ele queira entrar na água.

Brincar de avião, em decúbito ventral, segurando o bebê pelo peito e pelas axilas; passear com ele, evitando afundar sua cabeça.

Brincar com as flutuações. Apoiar a mão entre a cabeça e as costas do bebê ou nos glúteos, para que ele possa passear junto com o acompanhante.

Agarrar o bebê pelas axilas, em decúbito dorsal, e realizar giros para um lado e para o outro sobre o eixo longitudinal.

Apoiar o bebê só pelos glúteos e deslizá-lo para a frente e para trás.

Apoiar o bebê só pela cabeça e deslizá-lo para frente e para trás.

Balançar o bebê, apoiando-o pelos glúteos, cabeça e costas; balançá-lo para um lado e para o outro.

Deslizar o bebê na água para os lados, apoiado pela cabeça e fazendo um gesto com a mão, para que ele olhe para cima e consiga realizar uma flutuação dorsal.

Com o rosto do bebê apoiado nas mãos, passear pela piscina, para que ele possa ter outro campo de visão.

Com o bebê flutuando na posição dorsal e sendo segurado pela cintura, deslizá-lo para frente e para trás.

Com o bebê apoiado no colchonete em decúbito dorsal, mover um objeto para um lado e para o outro para tentar fazer o bebê girar.

Durante as atividades, é importante que os rostos (bebê e acompanhante) se toquem.

Brincar de esconder: o acompanhante esconde o rosto por trás de um objeto e chama pelo nome do bebê.

Com o bebê mantido entre flutuadores espaguete em forma de estrela, incentivá-lo a mover-se e tentar agarrar o brinquedo.

Com o bebê mantido por um flutuador espaguete e segurado por seu acompanhante, movê-lo mudando de direção.

Com o bebê em decúbito dorsal, buscar o contato do corpo do acompanhante por meio da mão no corpo do bebê.

Com apoio do professor na cabeça e do acompanhante nos pés, balançar o bebê e deixá-lo só durante uns segundos para que experimente a flutuação.

Com o bebê apoiado sobre um material flutuante, passear com ele pela piscina, para que possa mover as pernas.

A fim de aumentar a capacidade respiratória do bebê, apoiá-lo num tapete em posição dorsal e colocar as mãos no seu peito, deslizando-as por toda essa área. Em seguida, colocá-las sobre o centro do peito do bebê, deslizando-as para fora, ao mesmo tempo. As duas mãos se alternam em cruz lentamente, mantendo o ritmo e a intensidade.

Com o bebê apoiado num tapete em posição dorsal, manter uma mão em seu ombro e a outra no pulso. Deslizar a mão do ombro ao pulso, e quando ambas se encontrarem mudar de posição; a mão que agora segura o pulso passa a manter o ombro, reiniciar o movimento.

Com o bebê deitado num tapete, estimular as palmas das mãos. Com o dedo polegar, massagear a mão do bebê desde o centro da palma até cada um dos dedos.

Com o bebê apoiado num tapete, imaginar que está aplicando sabonete ou creme/óleo. Colocar uma das mãos na base do peito e deslizar em direção ao ventre. Realizar o mesmo movimento de forma intensa, como se quisesse esvaziar o ventre. Quando uma mão terminar o movimento, a outra recomeça, e assim sucessivamente.

Massagear a planta dos pés com suavidade.

Com o bebê apoiado na bola, permitir que ele flutue na posição ventral.

Colocar uma mão na nuca do bebê. Deslizar a mão desde a nuca em direção às nádegas, e desde as nádegas em direção à nuca.

Permitir que os bebês se toquem, para que se conheçam.

4.2.1 Estimulação dos reflexos (de três a seis meses)

Moro

Estimular, colocando uma bola na água, para que o bebê faça uma extensão dos braços e logo os flexione, puxando a bola para o corpo.

Palpebral

Bater com a mão na água, tentando salpicar o rosto.

Busca

Utilizar brinquedos ou a voz do acompanhante para que o bebê seja capaz de girar a cabeça para encontrar a origem do som.

Trepar

Colocar um tapete na posição inclinada com brinquedos, para estimular que ele suba no tapete para alcançá-los.

Arrastar

Colocar o bebê sobre um tapete flutuante com brinquedos para que se arraste até eles.

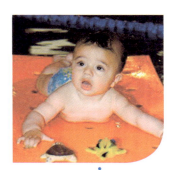

Marcha automática

Elevar o bebê, mantendo os pés em contato com a superfície da água, inclinando-o ligeiramente para frente para que ele caminhe.

Sucção

Morder ou chupar objetos ou partes do corpo.

Auditivo

Estimular a audição com brinquedos que emitam sons ou com a própria voz do acompanhante.

Tátil

Experimentar, tocando vários tipos de brinquedos com diversas texturas.

Pontos cardeais

Ao tocar suavemente no rosto do bebê, perto da boca, este a abrirá e girará a cabeça para o ponto em que está sendo tocado: se for no lábio superior, levantará a cabeça; se for na bochecha direita, rodará para esse lado etc.

Paraquedas

O acampanhante deve brincar de avião, com uma mão na barriga do bebê, imitar o ruído de um avião, ao mesmo tempo em que gira o bebê em torno de si. O reflexo protege a entrada na água de cabeça e ajuda no mergulho.

Apneia

Apoiar o bebê no braço do acompanhante e brincar de avião até que as vias respiratórias toquem a água.

4.3 ATIVIDADES DE ESTIMULAÇÃO (DE SEIS A NOVES MESES)

Segurando o bebê pela cintura, incentivar que ele agarre os brinquedos.

Mover-se utilizando dois flutuadores espaguete, colocados por baixo das axilas do acompanhante e por baixo das axilas do bebê, cruzando-os na frente, procurando apanhar os brinquedos.

Com o bebê junto do acompanhante por meio dos flutuadores espaguete, o bebê deverá buscar um brinquedo.

Envolver o bebê com um flutuador espaguete, auxiliado pelo acompanhante, para apanhar o objeto.

Com o bebê num flutuador espaguete, incentivar que ele persiga sozinho os brinquedos.

Com o bebê junto do acompanhante, sustentados pelo mesmo flutuador, incentivar que ele tente buscar um brinquedo.

Colocando o bebê sobre um tapete flutuante, incentivar que ele interaja com os brinquedos.

O bebê se agarrará ao pescoço do acompanhante, que, ao mesmo tempo, prenderá as mãos do bebê para lhe dar tranquilidade e brincará com ele de esconde-esconde.

Com o bebê numa estrela formada por flutuadores espaguete, o acompanhante realizará deslocamentos para frente e para trás, seja puxando ou empurrando os flutuadores.

Com o bebê na estrela de flutuadores espaguete, o acompanhante realizará pequenos saltos.

Utilizando um flutuador espaguete como se fosse um cavalinho, realizar pequenos deslocamentos com saltinhos.

Segurar o bebê pelas costas e ombro, balançando-o como se fosse dormir, e cantar uma canção de ninar.

Utilizando dois flutuadores espaguete, colocados debaixo das axilas do acompanhante e debaixo das axilas do bebê, imaginar que estão num barco e passear pela piscina, elevando e baixando o bebê, imitando o movimento das ondas do mar.

Prendendo o bebê com flutuadores espaguete em forma de estrela, o acompanhante deverá pôr-se diante da estrela e incentivar o bebê a pegar o brinquedo.

Com o bebê entre dois flutuadores espaguete, passear em busca de objetos.

Proposta prática de estimulação aquática • 129

Prender o bebê com um flutuador espaguete; o acompanhante, com uma mão à frente e outra por trás, promove pequenos saltitos.

Deixar que o bebê brinque em cima do tapete com seus brinquedos preferidos.

Brincar utilizando um balde pequeno ou um regador, molhando primeiro o acompanhante e depois o bebê.

O bebê se agarrará ao pescoço do acompanhante e, juntos, passearão pela piscina, dando pequenos saltitos, imitando um cavalo.

Pôr o bebê sobre o peito do acompanhante e deslocar-se pela água, como se fosse um barco.

Brincar com os bebês cantando uma canção em que se tenha de realizar deslocamentos de aproximação e de afastamento.

Fazer o bebê vivenciar diversas posições em cima do tapete flutuante.

Com os bebês dentro da piscina de bolinhas e seguros por seus acompanhantes, cantar uma canção em que se tenha de girar de um lado para o outro.

Incentivar que o bebê suba no tapete flutuante em busca de um brinquedo.

Com os bebês em cima de um tapete rígido, os acompanhantes deverão brincar com a água.

Incentivar o bebê a engatinhar em busca de objetos colocados em cima do tapete flutuante.

Com o bebê sustentado por um flutuador espaguete, brincar com seus pés, estirando-os e flexionando-os.

Com o bebê apoiado no ombro do acompanhante, fazer gestos com as mãos para que flutue em posição dorsal.

Deixar que os bebês desçam pelo escorregador, provocando a sensação de queda no vazio.

Brincar com os bebês no primeiro degrau da piscina.

Brincar, de esconder, empurrando uma bola para debaixo d'água e soltando-a, incentivando o bebê a apanhá-la, dizendo "onde está a bolinha" e "pega a bolinha".

Brincar com o bebê colocado numa cesta dentro da piscina.

Com o acompanhante encostado sobre os degraus, colocar o bebê sobre o peito, para que ele experimente distintas posições.

Buscar a ação de patada/pedalada, colocando o bebê nas pernas do acompanhante que estará encostado nos degraus.

Apoiar o bebê entre os braços, para que flutue em posição dorsal.

Deixar que o bebê morda ou toque partes do corpo do acompanhante.

Com o flutuador espaguete sustentado debaixo do braço do acompanhante, com a outra mão, incentivar o bebê a bater a mão na água.

Deixar cair água através de um regador sobre o bebê, estando este sobre dois flutuadores espaguete.

Proposta prática de estimulação aquática • 135

Com o bebê colocado sobre dois flutuadores espaguete, estimular a flexão e a extensão das mãos dele.

Com o acompanhante apoiado nos degraus, permitir que o bebê suba por seu corpo.

Estimular a posição sentada no bebê, que deve estar deitado sobre um tapete flutuante.

Realizar pequenos saltos com o bebê quando ele estiver dentro de uma cesta.

Com o bebê sentado no tapete, falar com ele sobre seu brinquedo, sobre a água etc.

Permitir que o bebê morda seus brinquedos, que sinta as diferentes texturas e cheiros.

Provocar giros sobre o eixo longitudinal, com o bebê em cima do colchonete com buraquinhos.

Com o bebê sentado no colchonete flexível brincar com a água que sai pelos buraquinhos.

Buscar momentos em que o bebê experimente situações de tranquilidade e de reflexão, como sentado no joelho do acompanhante.

Reação à propulsão lateral do tronco

Estimular, por meio de som, o bebê a reagir lateralmente com todo o corpo em direção ao som.

4.3.1 Estimulação dos reflexos (de seis a nove meses)

Palpebral

Buscar que a água entre em contato com os olhos.

Jerônimo

Elevar o bebê da água rapidamente.

Paraquedas

Deslocar o bebê pela água na posição ventral.

4.4 Atividades de estimulação (de nove a doze meses)

Colocar o bebê sobre o peito do acompanhante e nadar com ele.

Apneia

Molhar a cabeça do bebê e provocar uma imersão ao mesmo tempo, provocando o fechamento da glote.

Proposta prática de estimulação aquática • 139

Pôr o bebê no centro da estrela formada pelos flutuadores espaguete e incentivar que ele apanhe os brinquedos que estão na água.

Com o bebê deitado num tapete flutuante, incentivar que empurre a mão do acompanhante, fazendo força com o pé.

Colocar o bebê num flutuador espaguete, enquanto o acompanhante o segura e o ajuda a deslocar-se pela piscina.

Segurar o bebê com dois flutuadores espaguete, enquanto o acompanhante o desloca pela piscina.

Com o bebê no braço, o acompanhante deverá deslocar-se pela piscina.

Brincar de avião. Apoiar o peito do bebê no antebraço do acompanhante e realizar movimentos simulando um avião.

Num tapete flutuante, estimular o bebê a pegar os brinquedos.

Pôr um bebê de frente para o outro, para que se toquem e se olhem ou para que compartilhem brinquedos.

Passar pelo túnel formado por flutuadores espaguete, segurando o bebê pelas axilas.

Proposta prática de estimulação aquática • 141

Sentado na borda da piscina, o acompanhante deve segurar o bebê pelas mãos e incentivá-lo a entrar na água.

Deitado num tapete flutuante, estimular as extremidades do corpo, flexionando e estirando as pernas.

Incentivar o bebê para que aprenda a subir ou agarrar-se na borda, colocando brinquedos que lhe chamem a atenção. Facilitar o apoio da mão, joelho etc., como suporte.

Incentivar o bebê a pegar bolinhas da piscina e a colocá-las de volta na cesta.

Estimular o bebê a buscar o seu acompanhante ao engatinhar, passando por um túnel.

Passar pelo túnel formado na escada da piscina, no qual haverá um buraco que permite molhar o bebê.

Brincar com outros bebês com o *puzzle* (quebra-cabeça), pegando peças e formando um tapete com ajuda do acompanhante.

Sentado no joelho do acompanhante, brincar de cavalinho, realizando pequenos saltinhos.

Com o bebê num flutuador espaguete, permitir que ele passeie pela piscina sozinho, sob observação do acompanhante.

Pôr o bebê na cesta dentro da piscina para que brinque com os seus brinquedos.

Estimular o contato do rosto do bebê com o seu acompanhante por meio de beijos, abraços etc.

Com o bebê sentado na cesta flutuante, brincar com o regador.

Proposta prática de estimulação aquática • 145

Descer pelos degraus da piscina de mãos dadas com o acompanhante.

Com o bebê sobre o peito do acompanhante em posição ventral, realizar deslocamento andando de costas.

Acompanhante e bebê, sustentados juntos por dois flutuadores espaguete, devem se deslocar de costas.

Sobre um flutuador espaguete, tanto o acompanhante como o bebê realizam o cavalinho.

Com o bebê apoiado por um flutuador espaguete em forma de cavalinho e com as mãos apoiadas em outro flutuador, deverá passar pela piscina imitando uma moto.

Caminhar com ajuda sobre um tapete flutuante e fazer um salto em direção ao acompanhante.

O bebê, sustentado por uma boia, deverá pegar as bolinhas na água e levá-las até a cesta.

Brincar de pega-pega, em que o bebê persegue o acompanhante até tocá-lo.

Segurar o bebê pelas axilas e permitir que ele se desloque, movendo as suas pernas e seguindo algum objeto.

Com o bebê sentado no colchonete flexível, o acompanhante deverá balançá-lo.

Realizar mudanças de posição com o bebê, segurando-o pelas axilas.

Segurando o bebê pelas axilas, deslocá-lo para frente, permitindo que ele dê pedaladas na água.

Permitir que o bebê brinque no lava-pés da piscina e na água com os seus brinquedos.

Proposta prática de estimulação aquática • 149

Deslocar o bebê pela piscina enquanto está sentado sobre um cavalinho.

Estimular que o bebê se sente num tapete flutuante com uma pequena ajuda do acompanhante.

Com o bebê apoiado no colchonete, brincar com as diferentes partes de seu corpo.

Em cima do colchonete flexível, permitir que o bebê engatinhe sozinho por toda a superfície, experimentando a falta de equilíbrio que o colchonete proporciona.

Com o bebê apoiado no ombro do acompanhante, estimulá-lo para que dê pontapés em posição dorsal.

Brincar de forma criativa, permitindo que o bebê o imite.

Com o bebê sustentado por um flutuador espaguete, estimulá-lo para que salpique a água com as mãos.

Passear num carro flutuante em distintas direções.

Flutuar em posição vertical, apoiado só pelas boias.

Flutuar em posição vertical, apoiado num tapete em forma de rã.

Flutuar com apoio de material em posição dorsal, estimulando o movimento dos pés.

Com o bebê sentado no colchonete redondo, realizar giros em vários sentidos.

Buscar distintos equilíbrios com apenas o apoio do flutuador espaguete.

Com o bebê sustentado no colchonete redondo, realizar pequenos giros.

Segurando o bebê pelas mãos e apoiado na rãzinha, passear pela piscina incentivando-o a mover os pés.

Imitar os animais que estão na piscina, como fazer a boquinha do peixe.

Com o bebê sobre uma tábua/prancha, deslocá-lo pela piscina simulando o surfe.

Sustentado por dois flutuadores espaguete pequenos, em forma de barco, estimulá-lo a agarrar o animalzinho.

Girar e cantar uma canção com os bebês sustentados por flutuadores espaguete em forma de flor e seus respectivos acompanhantes.

4.4.1 Estimulação dos reflexos (de nove a doze meses)

Palpebral

Salpicar água no rosto dele com uma bola que saia de uma imersão.

Resposta de Jerônimo

Provocar pequenos saltos com o bebê que se encontra sobre um flutuador. Por exemplo: sentado no flutuador com forma de animal.

Proposta prática de estimulação aquática • 155

Engatinhar

Buscar situações sobre superfícies flutuantes em que o bebê tenha de se deslocar engatinhando.

Reflexo de apneia

Com o bebê sentado nos ombros do acompanhante, brincar de elevador, abaixando e subindo, fazendo pequenas imersões.

Subir

Aprender a subir na borda da piscina.

5 CONSIDERAÇÕES FINAIS

O principal objetivo deste texto foi apresentar uma proposta prática de estimulação para bebês no meio aquático. Partiu-se de uma revisão teórica sobre estimulação precoce que pretendeu fundamentar toda a proposta de intervenção. Como indicado anteriormente, nas primeiras etapas de desenvolvimento (McGraw, 1939; Mayerhofer, 1952; Wielki e Houben, 1983; Numminen e Sääkslahti, 1995) reproduzem-se os padrões característicos de movimento no meio aquático (movimentos reflexos alternados de braços e pernas, movimentos simultâneos pouco organizados, movimentos alternados de pernas e movimentos coordenados de braços e pernas), que aparecem praticamente em todas as crianças menores de três anos e, pelo grau de maturação e de prática, as idades de aquisição variam ligeiramente, podendo não alcançar o último nível caso não haja possibilidade de prática.

Nesse sentido, os resultados de alguns estudos (Langendorfer e Bruya, 1995) indicam que as habilidades motrizes aquáticas mudam, a princípio, segundo progressões ordenadas regularmente, com ou sem instrução formal, tal como acontece com as habilidades motrizes básicas. Consequentemente, pode-se admitir que, nas primeiras fases do desenvolvimento infantil, o componente amadurecimento biológico parece ser o determinante nas alterações que se observam na conduta aquática. Com a intenção de buscar a estimulação no primeiro ano de vida, apresenta-se este trabalho no meio aquático, pois parece provável que a experiência aquática precoce tenha efeitos significativos sobre a área específica da motricidade aquática (Ahrendt, 1999).

Ainda assim, como indica Del Castillo (2001), muitos pais querem dar a seus filhos as maiores possibilidades de êxito e procuram nos programas de estimulação precoce as garantias de um melhor desenvolvimento. Não há evidências suficientes de que a experiência aquática precoce incremente ou melhore o desenvolvimento, ainda que alguns trabalhos assim o apontem (Numminen e Sääkslahti, 1997). Por isso, a tese que parece mais provável é que a experiência aquática precoce tenha efeitos pouco significativos sobre o desenvolvimento, exceto na área específica da motricidade aquática (Ahrendt, 1999). Consequentemente, não é possível dizer que ela melhora o desenvolvimento da criança, salvo em casos especiais, mas indiscutivelmente enriquece, porque a dota de habilidades necessárias para dominar um meio diferente do terrestre.

Não é possível confirmar que a realização dessas atividades dê lugar a uma melhora no desenvolvimento da criança, mas se acredita que esta proposta favorecerá e poderá comprovar um efeito benéfico. Caso sejam comprovadas as nossas intenções, a evolução decorreria de forma progressiva, ocorrendo uma consolidação do controle voluntário dos movimentos, já que a consolidação das condutas adaptadas ao meio aquático depende da experiência do sujeito em relação a este meio (Moreno, Pena e Del Castillo, 2004).

Como indica Ruiz (1999), se a estimulação aquática para bebês tiver início nos primeiros meses de vida, é para favorecer a criança, não se trata de obrigá-la, mas, sim, de orientá-la a atuar por si mesmo com seu próprio corpo, seu brinquedo mais bonito.

... REFERÊNCIAS ...

AHRENDT, L. Influence of water programs on infants, motor development during the first year of life under consideration of their mothers, physical concept. In: INTERNATIONAL AQUATIC EDUCATION CONFERENCE, 5., 1999, Toulouse. *Conferência*. Toulouse, 1999.

BERHMAN, R. E.; VAUGHAN, V. C.; NELSON, V. E. *Nelson*: Tratado de Pediatria. Madrid: Interamericana, 1985.

BRAZELTON, T. B. *Neonatal Behavioral Assessment Scale*. Philadelphia: Lippincott, 1984.

BUGENTAL, J. F. et al. Symposium on Karl Bühler's contributions to psychology. *J. Gen. Psychol.*, v. 75, p. 181-219, 1966.

CIRIGLIANO, P. M. *Iniciación acuática para bebés*: fundamentos y metodología. Buenos Aires: Paidós, 1989.

DA FONSECA, V. Fundamentos psicomotores del aprendizaje natatorio en la infancia. *Rev. Esp. Educ. Fís. Deportes*, v. 1, n. 2, p. 20-5, 1994.

DEL CASTILLO, M. Los bebés y el agua: una experiencia real. *Comunicações Técnicas*, n. 1, p. 15-21, 1992.

_____. *La experiencia acuática en la primera infancia como aprendizaje motor enriquecedor del desarrollo humano*: un estudio en la Escuela Acuática Infantil del INEF de Galicia. 2001. 341 f. Tese (Doutorado em Educação Física) – INEF Galicia, Universidade da Corunha, Corunha 2001.

DEL CASTILLO, M.; GONZÁLEZ GONZÁLEZ, M. V. Vivencias acuáticas. *Escola critica*, v. 3, n. 2, p. 87-94, 1993.

ESCOLÁ, F. *Educación de la respiración*. Barcelona: Inde, 1989.

FONTANELLI, J. *Natação para bebês*. São Paulo: Ground, 1990.

FOUACE, J. *Nadar antes que andar*. Madrid: Paraninfo, 1979.

FRANCO, P.; NAVARRO, F. *Natación*: habilidades acuáticas para todas las edades. Barcelona: Hispano-Europea, 1980.

GALLAHUE, D. *Understanding motor development in children*. New York: John Wiley and Sons, 1982.

GARCÍA, V. La necesidad primaria de apego. *Cuadernos de Pedagogía*, IX, n. 105, p. 65-7, 1983.

JEFFERIES, A.; TURLEY, A. *Aparato respiratorio*. Espanha: Harcourt, 2000.

LANGENDORFER, S.; BRUYA, L. *Aquatic readiness*. Champaign, IL.: Human Kinetics, 1995.

LAWTHER, J. D. *Aprendizaje de las habilidades motrices*. Barcelona: Padiós, 1983.

MAYERHOFER, A. A. *Swimming movements in infants*. 1952. Tese (Doutorado) – Universidade de Leipzig, Leipzig, 1952.

McGRAW, M. B. Swimming behavior of the human infant. *The Journal of Pediatrics*, v. 15, n. 4, p. 485-90, 1939.

MORENO, J. A. *Motricidad infantil*: aprendizaje y desarrollo a través del juego. Murcia: Diego Marín, 1999.

_____. *Juegos acuáticos educativos*. Barcelona: Inde, 2001.

MORENO, J. A. Método acuático comprensivo. In: CONGRESO DE ACTIVIDADES ACUÁTICAS Y GESTIÓN DEPORTIVA, 7., 2002, Barcelona. *Actas...* Barcelona: SEAE, p. 13-27, 2002.

MORENO, J. A.; DE PAULA, L. Estimulación acuática para bebés. *Revista Iberoamericana de Psicomotricidad y Técnicas Corporales*, n. 20, p. 53-82, 2005.

_____. Estimulación de los reflejos en el medio acuático. *Revista Iberoamericana de Psicomotricidad y Técnicas Corporales*, v. 6, n. 2, p. 193-206, 2006.

MORENO, J. A.; GUTIÉRREZ, M. *Bases metodológicas para el aprendizaje de las actividades acuáticas educativas*. Barcelona: Inde, 1998.

MORENO, J. A.; LÓPEZ, B.; ABELLÁN, J. El descubrimiento del medio acuático de 0 a 6 años. In: CONGRESSO INTERNACIONAL DE ATIVIDADES AQUÁTICAS, 1., 2003, Murcia. *Actas...* Murcia: Universidade de Murcia, 2003.

MORENO, J. A.; PENA, L.; DEL CASTILLO, M. *Manual de actividades acuáticas infantiles*. Barcelona: Paidós, 2004.

NUMMINEN, P.; SÄÄKSLAHTI, A. The first steps in learnig. In: WORLD AQUATIC BABY CONFERENCE, 1993, Los Angeles. Los Angeles, 1993.

NUMMINEM, P.; SÄÄKSLAHTI, A. Infants in waterly enviroment. In: I.S.B. CONGRESS, 15., 1995, Jyväskyla. Jyväskyla, 1995.

_____. Analisis on the changes of motor activity in infant swimming. In: INTERNATIONAL SYMPOSIUM ON BIOMECHANICS AND MEDICINE IN SWIMMING, 7., 1994, Atlanta. Atlanta, 1994. [no prelo]

PÉREZ, B. Natación infantil argentina. *Lecturas*, año 3, 11. 1998. Disponível em: <http://www.efdeportes.com/efd11/bperez.htm>. Acesso em: 7 out. 2007.

_____. *Atas del Curso "Qué es aprender a nadar?"*. Módulo II. Aprendizaje de la respiración en las actividades acuáticas. CD Mar del Plata. Argentina, 2006a.

_____. *Atas del Curso "Qué es aprender a nadar?"*. Módulo III. La construcción de la técnica en natación. CD Mar del Plata. Argentina, 2006b.

PÉREZ, B.; MORENO, J. A. Importancia de la respiración en el aprendizaje acuático: fundamentación teórica e implicaciones prácticas. *Revista Iberoamericana de Psicomotricidad y Técnicas Corporales*, n. 27, p. 39-56, 2007.

PIAGET, J. *Science of education and the Psychology of the child*. New York: Viking, 1975.

RODRIGO, M. J. Procesos cognitivos básicos. Años escolares. In: PALACIONES, J.; MARCHESI, A.; COLL, C. (Ed.). *Desarrollo psicológico y educación* I. Madrid: Alianza, 1990. p. 135-45.

RUIZ, L. M. *Control Motor y competencia acuática en la infancia*. NSW, v. 21, n. 3, 10-6, 1999.

SARMENTO, P.; MONTENEGRO, M. *Adaptação ao meio aquático*. Lisboa: Edição da Associação Portuguesa de Técnicos de Natação, 1992.

VYGOTSKY, L. *A formação social da mente*. São Paulo: Martins Fontes, 2006.

WALLON, H. *Uma concepção dialética do desenvolvimento infantil*. Petrópolis: Vozes, 2000.

WICKSTROM, R. L. *Patrones motores basicos*. Madrid: Alianza Deporte, 1990.

WIELKI, C.; HOUBEN, M. Descriptions of the leg movements of infants in an aquatic environment. In: LEES, A.; MacLAREN, D.; REILLY, T. (Ed.). *Biomechanics and medicine in swimming*. Champaign: Human Genetics, 1983. p. 66-71.

WINNICOTT, D. V. *Los bebés y sus madres*. Barcelona: Paidós, 1990.

. . . ANEXOS . . .

CONTROLE DO DESENVOLVIMENTO MOTOR AQUÁTICO PARA BEBÊS (DE ZERO A DOZE MESES)

Ficha 1 – Controle do desenvolvimento motor aquático no primeiro mês de vida

Idade	Parâmetros de avaliação	Sempre	Algumas vezes	Não realiza	Sinais de alerta observados
1º mês	Pouco controle dos movimentos da cabeça em razão da falta de tonicidade muscular.				• Totalmente flácido (reflexos primários negativos). • Posição arqueada. • Sucção negativa. • Hipertonicidade do eixo transversal. • Cabeça em gota. • Não responde a sons chorando. • Não segue objetos. • Não há sucção. • Mãos fechadas com o polegar para dentro.
	Gira quando tocam sua bochecha.				
	Memória imediata dura até, aproximadamente, 3 segundos.				
	Produzem sons simples, gritos e gorjeios. Utiliza as vogais *a* e *u*.				
	Pode seguir os objetos com o olhar por cerca de 20 centímetros de distância.				
	Mostra sensibilidade aos odores, girando a cabeça para identificar sua origem.				
	Discrimina a frequência, o tono e o ritmo dos sons, ainda que não consiga localizá-los. Responde com um sorriso diante de sons suaves. Frente a ruídos inesperados chora em sinal de alerta.				
	Olha nos olhos da pessoa que o levanta.				
	Apresenta o reflexo natatório em contato com o meio aquático.				
	Demonstra prazer quando molham o seu rosto.				
	Flutua em posição dorsal com pouco apoio.				

Ficha 2 – Controle do desenvolvimento motor aquático no segundo mês de vida

Idade	Parâmetros de avaliação	Sempre	Algumas vezes	Não realiza	Sinais de alerta observados
2º mês	Diferencia o calor do frio, o mole do duro, o liso do enrugado (áspero) etc.				
	As ações reflexas começam a desaparecer e convertem-se em mais voluntárias.				
	Tenta manter a cabeça erguida.				
	Em posição horizontal, da patada com as mãos e os pés.				
	Brinca com suas mãos, abrindo-as para segurar um brinquedo quando lhe apresentam.				
	Excita-se frente a um objeto, antecipando seus movimentos, apresentando, inclusive, preferência por um lado.				
	Diferencia as vozes de outros sons e também os sabores.				• Hipotonicidade total.
	Emite gorgojeio, inclusive alguns sons de uma só sílaba.				• Hipertonicidade total.
	É capaz de fixar o olhar e olhar nos olhos, inclusive, pode criar uma imagem precisa dos objetos, seguindo-os.				
	Pode enxergar a 50 centímetros de distância objetos tridimensionais e coloridos.				
	Busca a origem dos sons e gira a cabeça para saber a origem. Frente a sons fortes, responde com agitação.				
	Quando o acariciam, mostra segurança, sorrindo frente a estes estímulos.				
	Quando as vias respiratórias entram em contato com a água, produz o fechamento da glote.				
	Da patada tanto em decúbito dorsal como em ventral.				
	Em contato com a água, move a mão, salpicando-a.				

Ficha 3 – Controle do desenvolvimento motor aquático no terceiro mês de vida

Idade	Parâmetros de avaliação	Sempre	Algumas vezes	Não realiza	Sinais de alerta observados
3º mês	Diferencia o interno do externo, a proximidade e o tamanho dos objetos.				
	Move suas pernas e braços vigorosamente.				
	Quando lhe sustentam em posição vertical, suporta seu próprio peso com os pés apoiados sobre alguma superfície.				
	Em posição ventral, é capaz de contrair os músculos das costas e levantar a cabeça durante 10 segundos.				
	Procura agarrar os objetos quando estão perto dele, dirigindo deliberadamente seus braços para o objeto.				
	Lembra os objetos que já viu antes, assim como reconhece os familiares, explorando seu rosto, olhos e boca com as mãos.				• Cabeça em gota.
	Faz balbucios, ronrona e dá pequenas gargalhadas. É possível diferenciar o choro de sono do de fome.				• Mãos permanentemente empunhadas.
	Chega a fixar o olhar em objetos que se encontram a três metros de distância.				• Não fixa o olhar em uma pessoa.
	Chega a girar sua cabeça cerca de 180°, fixando um objeto a trinta centímetros dele.				
	Mostra interesse pelas cores.				
	É capaz de identificar a fonte do som e girar a cabeça com controle para a direção do qual provém.				
	Utiliza a boca para descobrir os sabores e as texturas dos objetos mais próximos.				
	Aparece sorrindo continuamente.				
	Flexiona e estende as pernas de forma alternada e rápida.				
	Quando lhe cai água pela cabeça, reage abrindo e fechando os olhos.				
	Chora diante de determinados estímulos aquáticos.				

Ficha 4 – Controle do desenvolvimento motor aquático no quarto mês de vida

Idade	Parâmetros de avaliação	Sempre	Algumas vezes	Não realiza	Sinais de alerta observados
4º mês	Apresenta um bom controle sobre os movimentos da cabeça.				
	Gira em direção ao objeto que lhe chama a atenção.				
	É capaz de manter-se sentado por alguns minutos, apoiando-se em alguém.				
	Pode realizar giros desde a posição dorsal para ambos os lados até dar a volta por completo.				
	Estende os braços para alcançar os objetos com a mão aberta, preparada para agarrá-los.				
	É capaz de alterar a posição dos objetos e ajustá-los à sua distância, e é capaz de observar as alterações de posição dos objetos.				• Cabeça sem controle.
	Apresenta uma memória imediata entre 5 e 7 segundos.				• Não segura objetos com a mão.
	Balbucia como tentativa para iniciar uma interação com as pessoas que o rodeiam.				• Não sorri.
	É capaz de coordenar o movimento dos seus olhos com o das suas mãos.				• Moro positivo persistente.
	Reage a sons de alegria e de desagrado.				• Não vocaliza, não grita.
	Reconhece a sua mãe visual e auditivamente.				
	Reage com medo diante de situações que lhe são estranhas.				
	Pode chegar a brincar entre 15 e 20 minutos.				
	Agarra com facilidade os brinquedos na piscina.				
	Abre os olhos quando submerge o rosto na água.				
	Pode chorar ao entrar na água.				

Ficha 5 – Controle do desenvolvimento motor aquático no quinto mês de vida

Idade	Parâmetros de avaliação	Sempre	Algumas vezes	Não realiza	Sinais de alerta observados
5º mês	É capaz de realizar um giro de 180º sem ajuda.				• Hiper ou hipotonicidade permanente. • Reflexo tônico assimétrico persistente. • Não sustenta objetos com a mão. • Perde o balbucio.
	Quer levar tudo a boca.				
	Começa a conhecer seu corpo, utilizando-o para alcançar o que deseja.				
	Emite sons de vogais e muitas consoantes como *d*, *b*, *l*, *m*, que une fazendo *pa*, *ma* etc.				
	Imita sons e movimentos deliberadamente.				
	Interessa-se por objetos que estão a mais de 1 metro de distância.				
	Aumenta sua interação com os demais brincando com eles.				
	É capaz de deslocar-se (com material de flutuação) por uma pequena distância sem ajuda do acompanhante.				
	Dentro da água move os pés de forma alternada.				
	Com apenas o apoio da mão do acompanhante é capaz de flutuar em posição dorsal.				

Ficha 6 – Controle do desenvolvimento motor aquático no sexto mês de vida

Idade	Parâmetros de avaliação	Sempre	Algumas vezes	Não realiza	Sinais de alerta observados
6º mês	Consegue sentar-se com apoio.				
	É capaz de girar em todas as direções facilmente.				
	Alguns bebês são capazes de engatinhar.				
	Inicia a ação de transposição intencionada de um objeto para a outra mão.				
	Seus movimentos são voluntários, repetindo-os várias vezes.				
	Pode imitar ruídos com objetos.				• Não se sustenta estando sentado com apoio.
	É capaz de antecipar os movimentos, inclusive, detém a ação quando lhe dizem não.				• A cabeça cai em gota (não tem tônus).
	Aumenta a expressão monossilábica: *ma, mu, da, de* etc.				
	Trata de imitar a expressão facial.				
	Sente temor frente a um estranho.				
	Mostra ansiedade quando se situa perante uma situação desconhecida sem seus pais.				
	Sustentado por dois flutuadores espaguete é capaz de mudar de direção durante um deslocamento sem ajuda do acompanhante.				
	Não chora depois de uma imersão.				
	Bate na água com as mãos.				

Ficha 7 – Controle do desenvolvimento motor aquático no sétimo mês de vida

Idade	Parâmetros de avaliação	Sempre	Algumas vezes	Não realiza	Sinais de alerta observados
7º mês	Tem controle sobre seus músculos, assim pode permanecer sentado uns minutos, inclinando-se para frente.				
	Arrasta-se, pode engatinhar e girar sobre si mesmo.				
	É capaz de golpear sobre superfícies tendo objetos nas mãos, diferenciando entre golpear forte ou suave.				
	É capaz de distinguir a distância em que se encontram os objetos e fixar-se nos detalhes.				
	Reage emotivamente diante de outros bebês, sorrindo ou estranhando-os.				• Não se sustenta ao tentar sentar-se.
	Chora quando o familiar de referência se afasta, ainda que rapidamente se esqueça.				• A cabeça cai em gota (não tem tônus).
	Imita ruídos e pode vocalizar ditongos (*ie, ea*) e sílabas (*ma, ma; pa, pa* etc.).				• Mantém-se em apenas uma posição.
	Começa a entender o significado do não pelo tom da voz.				
	Sozinho, tenta introduzir o rosto na água				
	É capaz de agarrar os brinquedos dentro da água.				
	Deitado em um colchonete, realiza giros sobre o eixo longitudinal dentro da água.				

Ficha 8 – Controle do desenvolvimento motor aquático no oitavo mês de vida

Idade	Parâmetros de avaliação	Sempre	Algumas vezes	Não realiza	Sinais de alerta observados
8º mês	Quando sentado, consegue inclinar-se para frente ou para trás e voltar à posição inicial.				
	Pode subir por uma escada.				
	É capaz de seguir o som da música em posição de pé com ajuda.				
	Pode ficar sentado sozinho durante vários minutos.				• Não se aguenta na posição sentada.
	É capaz de introduzir objetos num recipiente.				
	Repete pequenas séries de movimentos já realizados anteriormente. Inclusive, repete palavras por imitação.				
	Entende quando chamando pelo seu nome e chora na ausência da mãe.				

Ficha 9 – Controle do desenvolvimento motor aquático no nono mês de vida

Idade	Parâmetros de avaliação	Sempre	Algumas vezes	Não realiza	Sinais de alerta observados
9º mês	Tem facilidade para engatinhar e dar voltas.				
	É capaz de colocar objetos num buraco.				
	Constrói torres com dois blocos.				
	É capaz de resolver tarefas simples.				
	Pode seguir instruções simples.				
	Aparece o medo de altura e a precaução em espaços verticais.				
	Começa a dizer *mamã, papá*.				• Não se sustenta na posição de sentado.
	Diferencia funcionalmente entre objetos e pessoas.				• Não responde a diferentes sons quando se fala com ele.
	Pode ouvir canções com maior atenção.				
	Começa a selecionar brinquedos e defende-os como seus.				
	Mostra-se muito sensível a outros bebês/crianças.				
	É capaz de manter o equilíbrio na água, apoiando-se sozinho num flutuador espaguete.				
	Sai da água subindo pelo colchonete ou pela borda da piscina.				
	Desloca-se sozinho pela piscina, apoiando-se num flutuador espaguete.				

172 • Estimulação aquática para bebês

Ficha 10 – Controle do desenvolvimento motor aquático no décimo mês de vida

Idade	Parâmetros de avaliação	Sempre	Algumas vezes	Não realiza	Sinais de alerta observados
10º mês	Engatinha com agilidade.				
	Põe-se em pé com apoio e dá passos com ajuda.				
	É capaz de sustentar dois pequenos objetos com uma só mão.				
	Começa a entender a relação entre a ação e a reação.				
	Reconhece algumas partes do seu corpo.				
	Aumenta suas condutas por imitação.				
	Entende e obedece a algumas palavras ou ordens.				
	Aparecem as consonantes começando com guturais posteriores: q, k, ke.				• Não iniciou o engatinhar.
	Diferencia entre grande/pequeno e perto/longe.				
	Responde à música balançando-se, saltando e tentando cantarolar.				
	Interessam-lhe mais os bebês maiores que ele.				
	A mãe é o refúgio constante.				
	Lança-se à água desde a borda.				
	Demonstra autonomia na água.				
	Desloca-se na água só com um apoio nas axilas.				

Ficha 11 – Controle do desenvolvimento motor aquático no décimo primeiro mês de vida

Idade	Parâmetros de avaliação	Sempre	Algumas vezes	Não realiza	Sinais de alerta observados
11º mês	Já consegue pôr-se em pé sozinho.				
	Sobe as escadas e as desce de costas.				
	Supera os obstáculos, engatinhando por cima ou por baixo deles.				
	Começa a dar pequenos passos sem ajuda.				
	É capaz de agarrar objetos menores, utilizando de maneira precisa o dedo indicador e o polegar, colocando-os em forma de pinça.				
	Associa propriedades com pessoa, animal ou coisa.				• Não sustenta objetos com as mãos. • Não interage com o meio que o rodeia (coisas e pessoas).
	Pede os objetos que quer alcançar.				
	Obedece a ordens e já compreende o significado do não.				
	Compreende a linguagem e pode expressar seus desejos com gestos e algumas palavras.				
	Imita movimentos dos adultos e jogos das crianças.				
	Busca a aprovação dos demais e evita a desaprovação.				
	Torna-se mais dependente de sua mãe.				
	Sopra a água, fazendo borbulhas na superfície.				
	Salta para a água fazendo uma imersão sem demonstrar medo.				
	Equilibra-se sozinho com pequenos apoios.				

Ficha 12 – Controle do desenvolvimento motor aquático no décimo segundo mês de vida

Idade	Parâmetros de avaliação	Sempre	Algumas vezes	Não realiza	Sinais de alerta observados
12º mês	É capaz de erguer-se, engatinhar ou sentar-se facilmente. Começa a caminhar sem ajuda.				
	É capaz de agarrar objetos em movimento.				
	Constrói torres de dois ou três blocos.				
	É capaz de apoiar-se numa mão quando a outra está trabalhando.				
	Aumenta seu tempo de memória de curto prazo.				
	Aparece a compreensão de palavras e de ordens simples.				• Não segura pequenos objetos com o dedo indicador e o polegar. • Não se mantém em pé.
	Balbucia fazendo orações curtas de quatro palavras.				
	Reage perante a terceira dimensão do objeto.				
	É capaz de olhar a pessoa ou o objeto quando escuta a palavra.				
	Oferece afeto, de igual forma que começa a preferir brinquedos.				
	Teme as pessoas estranhas e lugares não conhecidos, coisa que se solucionará quando se sentir seguro e cômodo.				
	Deixa de levar os objetos à boca.				
	Salta para a água a partir da posição de pé.				
	É capaz de realizar um pequeno deslocamento aquático sem nenhum tipo de ajuda.				
	Demonstra autonomia no meio aquático com ajuda do material de flutuação.				

Sobre o Livro
Formato: 23 × 16 cm
Mancha: 19,5 × 12,6 cm
Papel: Offset 90g
nº páginas: 176
1ª edição: 2016

Equipe de Realização
Assistência editorial
Liris Tribuzzi

Assessoria editorial
Maria Apparecida F. M. Bussolotti

Edição de texto
Gerson Silva (Supervisão de revisão)
Ronaldo Galvão (Preparação do original e copidesque)
Jaqueline Carou e Roberta Heringer de Souza Villar (Revisão)

Editoração eletrônica
Évelin Kovaliauskas Custódia (Projeto gráfico e diagramação)
Ricardo Howards (Ilustrações)

Fotografia
Nome do Fotógrafo | iStockphoto (Fotos de capa)
Luis Conte e Jean Marín (Fotos de miolo)

Impressão
Arvato Bertelsmann